Herzwerk

Herzwerk

Kevin Schäfer

Impressum

Copyright: Kevin Schäfer
Jahr: 2020

ISBN: 9789463988995

Lektorat/ Korrektorat: Kevin Schäfer
Illustrationen: Kevin Schäfer
Covergestaltung: Kevin Schäfer
Weitere Mitwirkende: /

Verlagsportal: Bookmundo
Gedruckt in Deutschland

Die Deutsche Nationalbibliothek verzeichnet diese Publikation in der Deutschen Nationalbibliografie *(falls zwei Pflichtexemplare an die DNB geschickt werden!)*.

Inhaltsverzeichnis

1 Vorwort

Die Musik beschäftigt mich schon viele Jahre. Um genau zu sein, besonders seit dem Jahr 2013. Es ging mir dabei jedoch nie um Unterhaltung oder Beschäftigung zwischendurch: Was mich wirklich interessierte, war die Geschichte hinter den Songs, die Gefühle, die mit ihm assoziiert wurden, die Texte, durch die der Autor dem Zuhörer oder Leser eine Botschaft vermittelte.

Am 28.02.2013 entstand dann meine erste eigene kleine Geschichte mit dem Song "Ans Ende dieser Welt". Es ging darin um Zusammenhalt und Freundschaft und um ein lyrisches Ich, das alles für seinen besten Freund tun würde.
Das poetische Schreiben ließ mich seitdem nicht mehr los und bis heute sind ungefähr 350 lyrische Texte entstanden.
Aber was genau heißt eigentlich Lyrik? Das Wort stammt aus dem Griechischen und bezieht sich ursprünglich auf Gesänge, die mit dem Musikinstrument „Lyra“ begleitet werden.
Heute versteht man unter Lyrik meist nur noch das Wort ‚Gedichte‘, also kurze Erzählungen in Versform, bei denen sich manche Worte reimen.
Aber für mich ist die Lyrik etwas anderes: Für mich ist sie eine Möglichkeit, Gefühle und

Lebenssituationen in prägnanter Form mit sprachlichen Bildern hinterlegt zu vermitteln.

Sämtliche Themen aus dem alltäglichen Leben werden darin aufgegriffen und es werden Gefühle beschrieben, die auf jeden Menschen zutreffen: Freude, Leid, Liebe, Herzschmerz, Abschied… All diese Emotionen, die uns zu denen machen, die wir sind.

Wichtig war es mir dabei immer, zum Nachdenken anzuregen, und dementsprechend tiefgründig waren die Liedtexte auch.

Mit der Zeit machte ich mich dann auf die Suche nach irgendeiner Möglichkeit, um meine Gedanken mit der Öffentlichkeit zu teilen. Nachdem ich mehr und mehr positive Rezensionen von Freunden, Familie und sogar Fremden erhielt, war das für mich die Bestätigung: ich musste mehr daraus machen, als sie in meiner Schublade zu lagern.

Ich versuchte es dann mit einem Lyrik-Wettbewerb, bei dem ich erfolgreich mit einem meiner Gedichte in einen Sammelband aufgenommen wurde...

Mit dieser Bestätigung im Rücken sowie dem Wissen, dass es Menschen gibt, denen gefällt, was ich tue, fasste ich für mich selber den Entschluss, an einem eigenen Lyrik-Band zu arbeiten.

Lange Zeit und vor allem viele Enttäuschungen, bei denen ich feststellen musste, dass es gar nicht so einfach werden würde, ein eigenes Buch zu veröffentlichen, verstrichen, bis ich dann endlich die für mich ideale Lösung gefunden habe: Selfpublishing.

Ich wollte mein eigener Herr sein und selbst bestimmen, wann und wie das Buch entstehen sollte.

Genau das habe ich dann auch in Angriff genommen: Heute bin ich stolz auf meine getane Arbeit und darf behaupten, alles an diesem Werk selbst gemacht zu haben. Begonnen mit den Texten an sich, das Cover, das Layout, bis hin zur Kleinarbeit wie die Korrektur oder das Abtippen.

An dieser Stelle bleibt mir nur noch, viel Vergnügen beim Lesen zu wünschen und nochmal darauf aufmerksam zu machen, dass die Texte zum Nachdenken anregen und berühren sollen!

2 Aus dem Leben

Ans Ende dieser Welt

Wie kann ich dem Ende entgegen gehn?
Und dabei trotzdem Gutes sehn?
Wie kann ich was anderes tun
Ohne dies zu beenden?

Muss ich etwa durch‘s Feuer gehn?
Oder darf ich dich niemals wiedersehn?
Muss das enden, was niemals enden soll?
Wir zwei sind beste Freunde
Und das darf niemals enden!

Komm nimm meine Hand!
Ich nehme dich mit!
Ans Ende, Ans Ende
Dieser Welt!

Warum gibt’s nur so schwere Entscheidungen?
Eine wie ich sie treffen soll?
Wieso kann das kein anderer tun
Als ich? Ich will das nicht!

Etwa um mich zu ärgern?
Um mir das Leben schwerer zu machen?
Muss das enden, was niemals enden soll?
Wir zwei sind beste Freunde
Und das soll auch so bleiben!

Komm halt dich an mir fest!
Ich hole dich mit!
Ans Ende, ans Ende
Dieser Welt!

Wie soll ich mich entscheiden?
Was soll ich tun?
Ich weiß nicht mehr weiter
Und darum musst du mir helfen!

Soll ich gehn?
Oder soll ich bleiben?
Was wäre am besten,
sodass wir Freunde bleiben?

Komm mit mir!
Ich nehme dich mit!
Ans Ende der Welt!

An diesen Ort!

Mein kleiner Astronaut

Schon von klein auf
Hattest du diesen einen Traum:
Du wolltest Sterne sehen,
Schwerelos, im Welten Raum!
Du maltest immer wieder
Bilder vom Himmelszelt
Und mittendrin eine Rakete,
Die dich nach oben bringt

Dein Ziel schien unerreichbar,
Doch nun kriegst du deine Chance
Aufzusteigen und zu fliegen,
So wie in deinem Traum

Mein kleiner Astronaut,
Flieg hinauf zu den Sternen
Und erfüll dir deinen Traum
Mein kleiner Astronaut,
Wenn du angekommen bist,
Kannst du von oben auf mich schauen
Das wird deine letzte Reise
Zum Horizont, wo Wolken sind
Mein kleiner Astronaut,
Deinen Namen trägt der Wind

Nun ist der Tag da,
Dein Raumschiff steht bereit
Und dein Wunsch geht in Erfüllung,
Nach all der langen Zeit
Voller Erwartung steigst du ein,
Schaltest die Motoren an
Und dann steigst du auf zum Himmel,
Wo du die Sterne sehen kannst

Dein Ziel schien unerreichbar,
Doch nun kriegst du deine Chance
Aufzusteigen und zu fliegen,
So wie in deinem Traum

Mein kleiner Astronaut,
Flieg hinauf zu den Sternen
Und erfüll dir deinen Traum
Mein kleiner Astronaut,
Wenn du angekommen bist,
Kannst du von oben auf mich schauen
Das wird deine letzte Reise
Zum Horizont, wo Wolken sind
Mein kleiner Astronaut,
Deinen Namen trägt der Wind

Du sehntest dich so lange
Nach diesem einen Augenblick ,
Doch nun beginnt deine Reise,
Suchst bei den Sternen dein Glück
Du kannst von oben auf mich schauen,
Wenn du angekommen bist
Mein kleiner Astronaut,
Deinen Namen trägt der Wind...

„Mein kleiner Astronaut ist geschrieben aus der Sicht einer Mutter, die ihr Kind auf dem Weg des Erwachsenwerdens begleitet und sich nichts sehnlicher wünscht, als dass dessen Ziele und Träume wahr werden, auch wenn sie dabei vielleicht ein Stück weit loslassen muss..."

Alter Seemann

Ein letzter Kuss, ein letztes Wort
Und du zogst wieder einmal fort.
Ein letzter Gruß, ein letzter Blick,
Lässt Frau und Kinder oft zurück
Und du fährst raus zum Ozean,
Suchst dein Glück an neuen Ufern,
Nur dein Bild zum Abschied bleibt,
Zu traurig, dass noch niemand weiß:

Du kehrst nie zurück...

Alter Seemann,
Fernab von deiner Heimat
Treibst du in der Einsamkeit
Alter Seemann,
Du sehnst dich nach Familie,
Wenn du nachts mal wieder weinst
Dein Schiff ist alles, was dir bleibt,
du fuhrst 1000 Meilen weit
Alter Seemann,
Dein Zuhause ist das Meer
Seit einer halben Ewigkeit...

Die letzten Zeilen, ein letzter Brief,
Den du zum Abschied hinterließt
Ein letztes Mal siehst du sie an,
Schließt sie fest in deinen Arm
Und du ziehst übers weite Meer,
Dein Glück liegt unbekannt und fern,
Nur die Erinnerung an dich bleibt,
Wenn du fort bist und nicht weißt

Du kehrst nie zurück...

Alter Seemann,
Fernab von deiner Heimat
Treibst du in der Einsamkeit
Alter Seemann,
Du sehnst dich nach Familie,
Wenn du nachts mal wieder weinst
Dein Schiff ist alles, was dir bleibt,
du fuhrst 1000 Meilen weit
Alter Seemann,
Dein Zuhause ist das Meer
Seit einer halben Ewigkeit...

Doch bei deiner letzten Fahrt,
War es zu spät und es geschah:
Die Flut verschlang dein Schiff,
Das mit dir unterging...

Soldat

So viele Jahre
Hat er sein Herz riskiert,
stand oft kurz vor dem Scheitern,
Hoffnung sah er keine mehr,
doch er hat stets daran geglaubt,
dass das Gute immer siegt,
nur hat er nie gemerkt
wie es ihm die Kraft entzieht

Wenn er jetzt in den Spiegel schaut,
erkennt er sich nicht mehr:
Sein Äußeres vom Kampf bedeckt,
die Bürde seines Herzens schwer
und wenn er in seine Seele schaut,
findet er ein Herz aus Stein,
tausend Narben und er weiß genau:
er wird nie mehr
derselbe wie früher sein

Sein ganzes Leben
Hat er hart gekämpft,
wenn er am Boden lag,
stand er immer wieder auf,
denn er hat stets daran geglaubt,
dass er einmal Frieden findet,
nur hat er nie gemerkt
wie seine Kraft entschwindet

Wenn er jetzt in den Spiegel schaut,
erkennt er sich nicht mehr:
Sein Äußeres vom Kampf bedeckt,
die Bürde seines Herzens schwer
und wenn er in seine Seele schaut,
findet er ein Herz aus Stein,
tausend Narben und er weiß genau:
er wird nie mehr
derselbe wie früher sein

Die Zeit hat sich geändert,
genauso wie auch ihn,
doch er hat nie gemerkt,
dass es ihm die Kraft entzieht.

„Soldat soll zeigen, wie zermürbend es sein kann, an einer Illusion festzuhalten und dabei die Realität aus den Augen zu verlieren. Deshalb sollte man immer im Hier und Jetzt leben und den Fokus auf das Wesentliche legen: sein eigenes Leben."

Leben

Du warst immer da,
vom ersten Tag an,
mit der Liebe, die du gibst,
hast du's mir gleich angetan,
du bewegst mich,
schenkst mir ein Stück Unendlichkeit
und du trägst mich
auf deinen Schwingen großen Glückes durch die Zeit

Durch dich kann ich fliegen,
Liebe schenken,
jeden Augenblick genießen,
bist der Grund ewig zu kämpfen.
Durch dich kann ich träumen,
Glück erleben,
dunkle Tage überstehen
und durch die Zeiten schweben.
Ja, du bist einfach alles,
wofür es sich zu leben lohnt.

Du wirst immer bleiben,
bis zum letzten Tag,
stehst treu an meiner Seite
vom ersten Schritt an bis ins Grab.
Du erfüllst mich,
schenkst mir das Gefühl stark zu sein
und du öffnest
deine Flügel, lässt mich fliegen durch die Zeit

Durch dich kann ich fliegen,
Liebe schenken,
jeden Augenblick genießen,
bist der Grund ewig zu kämpfen.
Durch dich kann ich träumen,
Glück erleben,
dunkle Tage überstehen
und durch die Zeiten schweben.
Ja, du bist einfach alles,
wofür es sich zu leben lohnt.

Weil du das Feuer in der Kälte bist,
zu keiner Zeit zu viel versprichst,
der Mond in jeder Nacht,
der über unsre Sterne wacht.

Kein Ziel scheint unerreichbar,
der Horizont grenzenlos:

Ja, du bist einfach alles,
wofür es sich zu leben lohnt.

Traumflug

Ein sonnenreicher Tag,
Keine Wolken sind zu sehen,
Der Himmel scheint so hell und klar,
Ich will auf die Reise gehen
Ich sehne mich nach der Freiheit,
Der Alltag grau und schwer,
Doch der Ballon steht jetzt startbereit:
Heut lass ich alles hinter mir...

Und ich steige ein,
Das Gewicht ist austariert,
Bald schon bin ich frei,
Nur mein Fernweh navigiert

Wir fliegen im Ballon
Los von unserem Balkon
Über Berge, Seen und Wälder,
Komm, im Traumflug durch die Zeit,
Ganz egal wohin, wie weit
Und wir kehren niemals wieder,
Wirf die Sorgen in den Wind,
Wir nehmen nur die Freiheit mit
Und wenn wir angekommen sind,
Leben wir ein Leben voll von Glück...

Zu lang schon hab ich diese Träume,
So viele Pläne sind gemacht,
Will keinen Augenblick versäumen,
Hab den Moment so oft verpasst
Ich seh die Wellenwogen schlagen
Und die Dächer hinter mir,
Achtung, neue Welt, ich komme bald,
Ich will einfach nur zu dir!

Und ich lass mich treiben
Das Gewicht ist austariert
Bald schon bin ich frei
Nur mein Fernweh navigiert

Wir fliegen im Ballon
Los von unserem Balkon
Über Berge, Seen und Wälder
Komm, im Traumflug durch die Zeit
Ganz egal wohin, wie weit
Und wir kehren niemals wieder
Wirf die Sorgen in den Wind,
Wir nehmen nur die Freiheit mit
Und wenn wir angekommen sind
Leben wir ein Leben voll von Glück...

Und da vorne in der Ferne
Brennt ein großes, helles Licht
Das Lange Warten hat ein Ende
Der Wind steht gut für mich!

Sturzflug

Wir sind viel zu hoch geflogen,
Haben viel zu viel riskiert,
Und vielleicht haben wir auch manchmal,
Zu sehr fantasiert
Jetzt stürzen wir aus allen Wolken,
Die Schwerkraft raubt uns unsre Zeit,
Ohne Hoffnung Richtung Boden,
Ist es wirklich schon vorbei?

In den Sekunden, die uns bleiben,
Schau ich dich noch einmal an,
Ich seh die Angst in deinen Augen,
Weil uns nichts mehr retten kann

Sturzflug!
SoS, kann uns irgendjemand hören,
Wir haben die Kontrolle hier verloren
Uns bleibt nicht mehr viel Zeit
Sturzflug!
Mayday, ist jemand für uns da,
Wir stürzen ab im freien Fall,
Der Himmel war uns nah ,
Jetzt sind wir gescheitert...

Wir hatten viel zu große Pläne,
Lebten viel zu oft in Träumen
Und vielleicht war das auch der Grund
Unsre Ziele zu versäumen,
Für uns gilt jetzt nur zu Hoffen,
Denn uns fehlt der Halt,
Nur noch Sekunden bis zum Boden,
Sag mir, was uns retten kann?

In den Momenten vor dem Aufprall
Trifft sich unser Blick nochmal,
Du siehst die Angst in meinen Augen,
Weil uns nichts mehr retten kann

Sturzflug!
SoS, kann uns irgendjemand hören,
Wir haben die Kontrolle hier verloren,
Uns bleibt nicht mehr viel Zeit
Sturzflug!
Mayday, ist jemand für uns da,
Wir stürzen ab im freien Fall,
Der Himmel war uns nah,
Jetzt sind wir gescheitert...

Unsre Träume sind geplatzt,
Haben unser Glück verpasst,
Wir stürzen einfach ab...

Ein kleines Glück

Ich fühle mich verloren
Und suche nach dem Sinn,
ohne Halt und ohne Kraft,
Weiß nicht wer ich bin
Ich hab so viele Zweifel,
Schick sie in den Wind,
Warte auf die Schatten
Und ob ich in den Sternen
Vielleicht eine Antwort find:

Wo gehör ich hin? Wem kann ich vertrauen?
Wer ist meine Zuflucht? Und was ist mein Zuhaus?

Ich wünsche mir ein kleines Glück,
Das mich wieder hoffen lässt,
Ein' hellen Stern am dunklen Himmel,
Der ein Lichtblick für mich ist
Ich wünsche mir ein kleines Glück,
Das die Angst in mir besiegt,
Ein kurzes Schimmern in der Ferne,
Das in meine Seele dringt
Und mein Herz zum Schlagen bringt

Ich fühle mich alleine,
Keiner da, der mich versteht,
Würd so vieles gern erzählen,
Doch weiß nicht wem und wie
Ich stell mir tausend Fragen,
Was für mich wichtig ist,
Warte auf die Sterne
Und ob dann vom Horizont
Vielleicht jemand zu mir spricht:

Hier gehörst du hin! Mir kannst du vertrauen!
Ich bin deine Zuflucht! Und das ist dein Zuhaus!

Ich wünsche mir ein kleines Glück,
Das mich wieder hoffen lässt,
Ein' hellen Stern am dunklen Himmel,
Der ein Lichtblick für mich ist
Ich wünsche mir ein kleines Glück,
Das die Angst in mir besiegt,
Ein kurzes Schimmern in der Ferne,
Das in meine Seele dringt
Und mein Herz zum Schlagen bringt

Ich frag mich, was ist wertvoll
Und der Platz in meinem Leben?
Werd' ich eine Antwort finden
Und noch einmal Glück erleben?

Der Mond

Immer nachts,
wenn alle schlafen gehen,
können wir
durch dein Licht die Welt in Farben sehen
Immer nachts,
wenn wir kein Sonnenlicht mehr sehen,
tauchst du auf
und ich blicke zum Himmel hinauf:

Der Mond leuchtet in der Nacht,
ein Koloss am Himmel,
welcher mich bewacht,
der mir den Weg im Dunkeln zeigt
und immer da ist,
wenn die Sonne nicht mehr scheint.

Immer schon
Bist du uns treu gewesen,
seit es dich gibt
schenkst du der dunklen Nacht ihr Leben
Immer schon
Warst du für uns da,
dein Strahlenkleid
leuchtet für uns hell und klar.

Der Mond leuchtet in der Nacht,
ein Koloss am Himmel,
welcher mich bewacht,
der mir den Weg im Dunkeln zeigt
und immer da ist,
wenn die Sonne nicht mehr scheint.

Wenn die Dunkelheit einbricht,
spendet er uns Licht.

„Der Mond war der erste Text, der vor ein paar Jahren nach einer Schreibblockade entstanden ist. Es war eine Vollmondnacht und nach längerem Überlegen war es der Mond, der mir die fehlende Inspiration eingebracht hat."

Fliegen

Träumst du nicht manchmal auch davon,
mit den Vögeln loszuziehen?
Fernab von allen Sorgen
Auf der Reise Richtung Süden
Und schenkst du dir manchmal nicht auch
Diesen einen Augenblick:
Der heller funkelt als die Sterne
Auf der Suche nach dem Glück.

Manchmal wünsch ich mir
Ich könnte fliegen,
einfach zum Himmel hoch,
und nach den Sternen greifen
Manchmal träume ich
Davon zu fliegen,
hoch zum Horizont
und mein Glück dort zu genießen,
denn dort oben bin ich grenzenlos,
federleicht und wolkenfrei,
manchmal wünsch ich mir ich könnte fliegen
und mein Traum ging nie vorbei.

Sehnst du dich manchmal auch danach
Aufzusteigen mit dem Wind?
Dich zu lösen von der Heimat,
wo deines Lebens Wurzeln sind
und denkst du manchmal auch daran
zu schweben mit der Zeit?
Deine Flügel auszubreiten?
Der Horizont ist endlos weit.

Manchmal wünsch ich mir
Ich könnte fliegen,
einfach zum Himmel hoch,
und nach den Sternen greifen
Manchmal träume ich
Davon zu fliegen,
hoch zum Horizont
und mein Glück dort zu genießen,
denn dort oben bin ich grenzenlos,
federleicht und wolkenfrei,
manchmal wünsch ich mir ich könnte fliegen
und mein Traum ging nie vorbei.

Die Suche nach dem Glück

Unser Leben
Ist wie eine Reise:
Von jedem angegangen,
auf eine andre Weise,
doch alle gehen
einen Berg hinauf
und auf dem Weg
gibt dabei niemand auf:

Weil ich immer noch träume,
den Moment nicht versäume,
bin ich immer noch hier,
ich bin immer noch hier
und ich lebe den Augenblick,
gehe weiter meinen Weg,
ich schaue nicht zurück,
schreite voran, Stück für Stück,
auf der Suche nach dem Glück.

Es sind im Leben
Oft die kleinen Sachen,
die uns äußerst glücklich
oder traurig machen
Jeder geht
Seinen Berg hinauf
Und auf dem Weg
Gibt dabei niemand auf:

Weil ich immer noch träume,
den Moment nicht versäume,
bin ich immer noch hier,
ich bin immer noch hier
und ich lebe den Augenblick,
gehe weiter meinen Weg,
ich schaue nicht zurück,
schreite voran, Stück für Stück,
auf der Suche nach dem Glück.

Haben wir das Glück endlich erreicht,
ist das ein Gefühl von Unsterblichkeit.

„In seinem Leben strebt jeder danach glücklich zu werden und letzten Endes zu sein. Genau damit befasst sich der Text Die Suche nach dem Glück. Jeder erklimmt seinen eigenen Berg mit allen Höhen und Tiefen, bis dass er schließlich am Gipfel angekommen ist."

Verzeihen

(Wenn du völlig alleine wärst...
könntest du dennoch verzeihen?)

Auf meiner Seele lastet
ein Gewicht so schwer wie Blei,
das meine Füße kaum noch tragen,
doch der Weg ist endlos weit
Zu weit gekommen, um aufzugeben,
Doch bis zum Ziel fehlt noch so viel,
Ich bleibe stehen, um durchzuatmen,
Doch ich weiß nicht, was ich will

Ich hab mein Herz an dich verschenkt
Und versucht dir zu vertrauen,
Aus den Steinen auf meinem Weg
Wollte ich mir Stufen bauen,
Doch du hast sie eingerissen
Und eine Mauer entstand um dich,
Hinter der die Sonne strahlte
Und nur ein Schatten fiel auf mich

Manchmal tut es weh
und es läuft nicht immer gut ,
Doch Zeit heilt alle Wunden
und nach der Ebbe kommt die Flut

Und irgendwann kommt ein Tag
und ich werd dir verzeihen,
werd vergessen was war
und fühl mich gut dabei
Ja, irgendwann wird's so sein
Und ich schau nicht mehr zurück,
Kann dir endlich verzeihen,
Suche weiter mein Glück
Und mir geht's gut allein

"Ich bin da wenn's dir nicht gut geht",
Hast du gesagt, "für alle Zeit"
Doch wo warst du als ich dich brauchte?
Alles gelogen, blasser Schein
Und auch die goldenen Träume,
die am Himmel für mich schienen,
sind verdeckt durch graue Wolken,
die jetzt an mir vorüberziehen

Es ist nicht immer leicht
Und manchmal tut es weh,
Doch Scherben bringen Glück
Und Schmerz und Leid vergehen

Und irgendwann kommt ein Tag
und ich werd dir verzeihen,
werd vergessen was war
und fühl mich gut dabei
Ja, irgendwann wird's so sein
Und ich schau nicht mehr zurück,
Kann dir endlich verzeihen,
Suche weiter mein Glück
Und mir geht's gut allein

Ich weiß es wird nicht leicht sein,
Dir alles zu verzeihen,
Doch ich werde dir vergeben
Und mir geht's gut dabei

„Eine der wichtigsten Eigenschaften im Leben ist das Verzeihen-Können. Nicht nur um der Lösung des Problemes willen, sondern besonders der eigenen Besänftigung wegen, um negativen Emotionen keinen Platz zu schenken. Aber ist Verzeihen denn wirklich in jeder Lebenssituation so einfach? Genau mit dieser Frage beschäftigt sich dieses Werk."

Nicht mehr weh

Wir wollten so viel,
Hatten Pläne, ein Ziel,
Alles war leicht,
fast schon so wie ein Spiel,
Nichts war uns genug,
Haben's immer weiter versucht,
Doch es hat nie gereicht,
Auf uns lag ein dunkler Fluch

Wir konnten nicht bleiben
So wie wir immer waren,
Ich wollt's nicht begreifen,
Doch du hast mich gewarnt,
Das Glas schien halb voll
Und dabei war es halb leer,
Bin der Lüge gefolgt,
Du kamst mir nicht hinterher

Ich weiß nicht wieso,
Doch ich freue mich für dich
Ich weiß nicht wieso,
Keiner liebt dich so wie ich

Es tut so gut dich wieder lachen zu sehen,
So voller Zuversicht durchs Leben gehend,
Doch irgendwie tut es mir auch weh,
Denn deine Liebe ist jetzt bei irgendwem
Oh, es tut so gut dich nicht mehr weinen zu sehen,
Hast so lang gelitten und jetzt geht's irgendwie,
Auch wenn mein Herz es leider nicht versteht,
Mein Kopf sagt okay und es tut nicht mehr weh,
Es tut mir nicht mehr weh...

Ich hab nicht erkannt,
Dass es so nicht mehr geht,
Mich immer weiter verrannt
Und irgendwann war's zu spät,
Denn in unserer Sanduhr
Fiel schon das letzte Korn,
Ich frag mich an wen nur
Wir die Zeit verloren

Es schien nichts so richtig
Wie bei dir zu sein,
Zusammen zu weinen
Und ein Lachen zu teilen,
Doch immer da wo ein Licht ist,
Sind auch Schatten zu sehen,
Du wolltest vorbei gehen,
Ich blieb mittendrin stehen

Ich kann's nicht verstehen,
Wieso ich dich so vermiss
Ich kann's nicht verstehen,
Wieso es ist so wie es ist

Es tut so gut dich wieder lachen zu sehen
So voller Zuversicht durchs Leben gehend
Doch irgendwie tut es mir auch weh
Denn deine Liebe ist jetzt bei irgendwem
Oh es tut so gut dich nicht mehr weinen zu sehen
Hast so lang gelitten und jetzt geht's irgendwie
Auch wenn mein Herz es leider nicht versteht
Mein Kopf sagt okay und es tut nicht mehr weh
Es tut mir nicht mehr weh...

„Es tut mir nicht mehr weh denken sich vermutlich die meisten, wenn nach einer zerbrochenen Liebe ein wenig Zeit vergangen ist und man für sich festgesetzt hat, nicht Täter, sondern Opfer zu sein. Dabei ist es manchmal nicht leicht zu entscheiden, ob man Herz oder Kopf vertrauen soll..."

Fehlerfrei

Wie wichtig bin ich dir wirklich?
Sag, denkst du manchmal an mich?
Oder vergisst du mich heimlich,
immer wenn du mich nicht siehst?
Brauchst du mich denn eigentlich?
Bin ich überhaupt gut genug für dich?
Oder verfluchst du mich ständig,
weil ich nicht bin wie du willst?

Ich weiß, ich bin nicht leicht für dich
Und dir manchmal eine Last
Bitte sag mir,
wie lieb du mich noch hast:

Nein, ich bin nicht fehlerfrei,
hab meine Ecken, meine Kanten,
perfekt kann ich nicht sein.
Ich weiß, ich bin nicht fehlerfrei
Und wie sehr ich mich auch wehre,
leider wird's nie anders sein,
doch ich bleib ganz bestimmt ich selbst,
werde mich niemals verbiegen.
Ich bin nicht fehlerfrei
Und werd's auch niemals sein.

Wie weit wirst du für mich gehen?
Sag mir, was ich für dich bin.
Würdest du auch für mich kämpfen
Oder lässt du mich einfach fallen?
Bin ich's dir wert stehen zu bleiben
Auf deinem Weg bis zum Glück?
Oder lässt du mich, wenn's schwer wird,
auf halber Strecke zurück?

Ich weiß, ich bin nicht leicht für dich
Und dir manchmal eine Last
Bitte sag mir,
wie lieb du mich noch hast:

Nein, ich bin nicht fehlerfrei,
hab meine Ecken, meine Kanten,
perfekt kann ich nicht sein.
Ich weiß, ich bin nicht fehlerfrei
Und wie sehr ich mich auch wehre,
leider wird's nie anders sein,
doch ich bleib ganz bestimmt ich selbst,
werde mich niemals verbiegen.
Ich bin nicht fehlerfrei
Und werd's auch niemals sein.

Wir alle sind nicht fehlerfrei
Und werden es
Auch niemals sein!

Träumer

Vom ersten Tag an
Warn meine Träume groß,
Den Kopf weit hoch in den Wolken,
Riss mich von Fesseln los,
Ich war ein Mensch von Freiheit,
und nichts war mir wichtiger,
als völlig losgelöst zu sein
wie ein Flieger

Und heut noch kann ich von mir sagen,
Ich leb in meiner eignen Welt,
Voll Fantasie und ohne Klagen,
Die mich am Leben hält

Ich bin ein Träumer ohne Grenzen,
will höher als die Sonne fliegen,
will mit den Vögeln gen Süden ziehen
und alle Sterne in die Hände nehmen
Ich bin ein Träumer ohne Grenzen
bau mir ein Schloss aus Fantasie,
trete jedem Sturm entgegen,
doch verliere dabei nie,
weil ich ein Träumer bin

Ich lebte dann mein leben
Als Kind, so unbeschwert und frei,
Der erste Song, die erste Liebe,
Alles schien erschreckend leicht
Ich schuf mir meine Regeln,
alles wie es mir gefiel,
bunte Muster, helle Farben,
von Schwarzweiß hielt ich noch nie viel

Und heute noch kann ich behaupten,
ich leb in meiner eignen Welt,
voll Euphorie und Eigenarten,
die mich am Leben hält

Ich bin ein Träumer ohne Grenzen,
will höher als die Sonne fliegen,
will mit den Vögeln gen Süden ziehen
und alle Sterne in die Hände nehmen
Ich bin ein Träumer ohne Grenzen
bau mir ein Schloss aus Fantasie,
trete jedem Sturm entgegen,
doch verliere dabei nie,
weil ich ein Träumer bin

Ich bin bei ein Kind der Freiheit
Und leb in meiner eignen Welt,
bin ein Träumer ohne Grenzen,
weil sie mich am Leben hält...

Zu spät

Sternklare Nacht,
ich bin wieder da,
wo wir zwei waren,
als alles angefangen hat

wir haben gesagt,
wir schaffen das
und egal, was
uns auch passiert,
wir würden uns niemals verlieren,

Aber scheinbar
hab ich mich in dir getäuscht,
denn der einzige, der fühlte, war ich

Wenn du es irgendwann verstehst,
ist es leider schon zu spät,
mir das zu geben, wonach ich suchte
und wenn du's irgendwann kapierst,
nimmst du kein Platz mehr ein in mir,
Du brauchst es auch nicht mehr zu versuchen,
Denn du hattest deine Chance
schon zehntausend Mal bekommen
und wenn du's trotzdem nicht verstehst,
ist es irgendwann zu spät

Wir haben geplant
und uns ein Leben ausgemalt,
Alles Illusion?
Wir passten doch in keinerlei Schablonen

Ich habe gedacht,
du stehst zu mir,
egal was kommt,
egal was war,
war das alles gar nicht wahr?

Denn scheinbar
hab ich mich in dir geirrt
und das einzige, was bleibt, ist ein Gefühl

Wenn du es irgendwann verstehst,
ist es leider schon zu spät,
mir das zu geben, wonach ich suchte
und wenn du's irgendwann kapierst,
nimmst du kein Platz mehr ein in mir,
Du brauchst es auch nicht mehr zu versuchen,
Denn du hattest deine Chance
schon zehntausend Mal bekommen
und wenn du's trotzdem nicht verstehst,
ist es irgendwann zu spät...

Wenn ich will

Ich lauf allein durch die grauen Straßen,
Kalte Mauern dicht an dicht,
alles erscheint mir genau wie früher,
in den Fenstern brennt kein Licht,
oh, ich bin als Kind hier groß geworden,
Kenne jeden Stein genau
Und es erfüllt mein Herz mit brennender Kälte,
Wenn ich mich hier umschau'

Ich merke wie mein Herz weint,
Für ein Lachen keine Zeit bleibt,
Doch vielleicht...

Hat mich das Leben immer wieder
Auf die Probe gestellt,
Herausgefordert
Und absichtlich gequält,
Nur um mir einmal zu zeigen,
Wie stark ich wirklich bin
Und dass ich alles schaffen kann,
Wenn ich es nur will,
Wenn ich es nur will

Mein ganzes Leben bin ich auf der Suche
Nach Geborgenheit und Glück,
Doch ich bin hier niemals angekommen,
Heimatlos mit jedem Schritt,
Dabei will ich doch nur ein Zuhause,
Einen Ort wo man mich versteht,
Alles, was ich seh‘ ist laute Stille,
Ganz egal, wohin ich geh...

Ich merke wie's in mir schreit
Und mein Herz dabei zerreißt,
Doch vielleicht...

Hat mich das Leben immer wieder
Auf die Probe gestellt,
Herausgefordert
Und absichtlich gequält,
Nur um mir einmal zu zeigen
Wie stark ich wirklich bin
Und dass ich alles schaffen kann,
Wenn ich es nur will,
Wenn ich es nur will

Zeitreisen

Hab in der Vergangenheit
Viele Fehler begangen,
sie anfangs nie bereut,
bin immer weitergegangen.
Heute seh ich vieles klarer
Und bin nicht stolz auf das, was war,
erkenne all meine Fehler
und versuche mich zu ändern.

Wenn ich könnte, würd‘ ichs tun,
die Zeit nochmal zurückdrehn‘,
erneut die alten Wege gehn‘
und verstummte Melodien singen.
Wenn ich könnt‘, würd‘ ich’s versuchen,
das, was war, nochmal besuchen,
in vergangene Zeiten reisen,
um auf Fehler hinzuweisen,
doch Versuche sind vergeblich,
denn Zeitreisen ist nicht möglich.

Ich war nicht immer gut zu dir,
das geb‘ ich ehrlich zu,
es war manchmal kompliziert
und abbekommen hast alles du,
doch ich hab’s jetzt realisiert,
ich hoff nur, es ist nicht zu spät,
was ich getan hab, war verkehrt,
will nur, dass das alles vergeht.

Wenn ich könnte, würd' ichs tun,
die Zeit nochmal zurückdrehn',
erneut die alten Wege gehn'
und verstummte Melodien singen.
Wenn ich könnt', würd' ich's versuchen,
das, was war, nochmal besuchen,
in vergangene Zeiten reisen,
um auf Fehler hinzuweisen,
doch Versuche sind vergeblich,
denn Zeitreisen ist nicht möglich.

Um meine Reue zu beweisen,
würd' ich in alte Zeiten reisen!

Doch das ist alles so lang her -
ja, alte Wege würd' ich gehn' -

und, um auf Fehler hinzuweisen,
in vergangene Zeiten reisen,

doch Versuche sind vergeblich,
denn Zeitreisen ist nicht möglich...

Deine Tränen

Ein langer Tag, ich komm nach Haus
Und brech' vor dir in Tränen aus,
komm rein und sag dir, was geschah,
denn ich weiß, du bist für mich da.
Brauchst nichts zu sagen, schon okay,
es reicht schon, dass ich bei dir bin,
kann diese Welt grad nicht verstehen;
Sag mir, wie soll es weitergehen?

Lass deine Tränen einfach fließen,
halt sie nicht vor mir zurück,
denn im Leben – sollst du wissen –
folgt auf Dunkelheit das Glück.
Lass deine Tränen einfach fließen
In dieser schweren Zeit,
denn es hat so oft geholfen,
wenn man zusammen weint.

Es tut so gut bei dir zu sein
In einer Zeit, die sinnlos scheint,
bist du es, der mir Hoffnung schenkt,
bevor mein Herz gänzlich zerfällt.
Das, was geschah, traf mich zutiefst,
denn damit rechnete ich nicht,
Sag mir, wie soll es weitergehen,
wenn kein Stern am Himmel steht?

Lass deine Tränen einfach fließen,
halt sie nicht vor mir zurück,
denn im Leben – sollst du wissen –
folgt auf Dunkelheit das Glück.
Lass deine Tränen einfach fließen
In dieser schweren Zeit,
denn es hat so oft geholfen,
wenn man zusammen weint.

Tränen reinigen die Seele,
darum lass es einfach zu,
komm und lass sie einfach fließen,
denn dein Glück bestimmst nur du…

„Ich glaube, jeder von uns kennt die folgende Situation: Stress und Sorgen dirigieren den Tag, man kommt nach Hause und ist einfach nur froh und erleichtert, dass ein geliebter Mensch da ist, der einem Trost spendet und sein offenes Ohr anbietet; bei dem man die Tränen ohne Bedenken fließen lassen kann. Ich habe solche Tage oft und habe meine Gedanken dazu deshalb in diesem Text verarbeitet."

Weh mir

Ich spüre ganz genau,
dir geht's nicht immer gut,
du willst es nicht zeigen,
doch dich verlässt dein Mut.
Du singst von der Hoffnung,
du sehnst dich danach frei zu sein
und manchmal weinst du heimlich,
denn du fühlst dich so allein,

doch keine Angst,
ich halt dich, wenn du fällst!

Weh mir, mein armes Herz,
befrei dich von deinem Schmerz,
verbaue ihn in der Musik,
halt ihn fest in diesem Lied,
denn nur so wird deine Sonne wieder aufgehen
oh, weh mir, mein kleiner Freund,
du hast schon so viel versäumt,
schenke dir den Augenblick,
hol dir ein Stück der Zeit zurück,
denn nur dann wirst du die Sterne wiedersehen

Ich weiß ganz genau
Wie du dich grade fühlst,
wie es in dir aussieht
und was dich so quält.
Du träumst von den Tagen
Und Momenten voller Glück;
Mit Tränen in den Augen
Wünschst du dir die Zeit zurück,

doch keine Angst,
ich bin da, wenn du mich brauchst!

Weh mir, mein armes Herz,
befrei dich von deinem Schmerz,
verbaue ihn in der Musik,
halt ihn fest in diesem Lied,
denn nur so wird deine Sonne wieder aufgehen
oh, weh mir, mein kleiner Freund,
du hast schon so viel versäumt,
schenke dir den Augenblick,
hol dir ein Stück der Zeit zurück,
denn nur dann wirst du die Sterne wiedersehen

Verliere dich in der Musik
Und finde Halt in diesem Lied,
weil es sonst für dich
keinen Ausweg gibt.

Abschiedsbrief

Es war einmal ein Dichter,
der seine Seele niederschrieb,
Glück wie Leid verbaut hat,
und so schrieb er Lied für Lied.

Er lebte immer schon alleine,
einen Freund hatte er nie,
nur Papier und eine Feder,
Musik war alles, was ihm blieb.
Er hat lange Zeit gekämpft,
flog auch mit gebrochenen Flügeln,
doch das Schicksal spielt sein eignes Spiel,
hat ihm keine Chance gegeben.

Er hinterließ nur einen Brief,
in dem geschrieben steht:

„Macht's gut,
Ich wünsch euch Glück auf eurem weg,
denkt vielleicht auch mal an mich,
bitte, vergesst mich nicht!
Lebt wohl,
Ich hoffe ihr lebt euren Traum,
bitte, passt gut auf euch auf
und schaut manchmal zu mir rauf."

Es war einmal ein Dichter,
der hat so viel mitgemacht,
er stand immer wieder auf,
jetzt trägt er Narben tief im Herz
und dass auch er einst glücklich wird,
daran hat er immer geglaubt,
doch die Zeit ist ein mieser Verräter,
hat ihm die Kraft geraubt.

Er hinterließ nur einen Brief,
in dem geschrieben steht:

„Macht's gut,
Ich wünsch euch Glück auf eurem weg,
denkt vielleicht auch mal an mich,
bitte, vergesst mich nicht!
Lebt wohl,
Ich hoffe ihr lebt euren Traum,
bitte, passt gut auf euch auf
und schaut manchmal zu mir rauf."

Ja, er hat sein Leben
Wie ein Kartenhaus gebaut:
Er musste so oft neu beginnen,
denn die Zeit zog immer wieder Karten raus.

Heute findet er endlich Frieden,
es bleibt nur sein Abschiedsbrief,
er hofft nur,
dass ihn irgendjemand liest...

Mein Engel

Wo ist der Mensch, der immer lachte
Und nie aufgeben hat,
Der so herzensgut und stark war,
Wie ein Held, an jedem Tag
Wo bist du und deine Träume,
Die vom großen Glück erzählen,
Sind sie verflogen mit der Zeit?
Oder einfach nur am schlafen,
Wartend auf die Ewigkeit?

Du wirst mir immer fehlen,
Denk so oft zurück an dich,
Gingen Hand in Hand durchs Leben,
Doch Schatten raubten mir dein Licht

Ich lass dich ziehen,
Doch sag mir, wo bist du, mein Engel
Werden wir uns wiedersehen?
Ich wollt dir so viel noch erzählen
Ist es wirklich schon zu spät?
Ich lass dich frei.
Trag die Erinnerung tief im Herzen,
Ich denk an dich zu jeder Zeit,
Wir hätten so viel zu erleben,
Ist es wirklich schon vorbei...?

Wo ist der Mensch, den ich so liebe,
Mich bezaubert Tag für Tag,
Mehr als perfekt und einzigartig,
In schweren Zeiten für mich da
Wo bist du und deine Sehnsucht
In die Freiheit loszuziehen -
Wolltest doch so gerne fliegen -
Ist sie verflogen mit der Zeit
Wartend auf die Ewigkeit?

Ich werd dich nie vergessen,
Denk an unsre Zeit zurück,
Wir teilten unsren Weg durchs Leben,
Doch Schatten raubten unser Glück

Ich lass dich ziehen,
Doch sag mir, wo bist du, mein Engel
Werden wir uns wiedersehen?
Ich wollt dir so viel noch erzählen
Ist es wirklich schon zu spät?
Ich lass dich frei,
Trag die Erinnerung tief im Herzen,
Ich denk an dich zu jeder Zeit,
Wir hätten so viel zu erleben,
Ist es wirklich schon vorbei...?

Du wirst mir immer fehlen,
Denk so oft zurück an dich,
Gingen Hand in Hand durchs Leben,
Doch Schatten raubten mir dein Licht…

Ich denke an dich

Ich seh millionen Lichter
In der Ferne über'm Meer,
Dieses Zauberspiel der Sterne
Bringt mich wieder nah zu dir:

Du warst ein Kind der Freiheit,
Strebtest täglich nach dem Glück,
Wolltest hoffen, lachen, fliegen
Und du schautest nie zurück
Jetzt bist du ein Teil der Schatten,
Die ein Teil des Lebens sind ,
Doch ich werd dich immer lieben,
Denn du gabst meinen Träumen Sinn

Du hast mich so viel gelehrt,
Mir gezeigt was Leben heißt
Und auch wenn du nicht mehr bei mir bist,
Ist mir wichtig, dass du weißt

Ich denke an dich,
Jeden Tag zu jeder Zeit,
Trag dich tief in meinem Herzen
Bis in alle Ewigkeit,
Denn ich denke an dich
Schon mit dem ersten Wimpernschlag,
Bist der Antrieb meines Seins und Tuns
Und ich wünsche mir so oft,
Du wärst da...

Du erzähltest mir Geschichten,
Die das Leben für dich schrieb,
Lagst so manches Mal am Boden,
Doch aufgegeben hast du nie
Deine unbändige Liebe
Und jeder noch so gute Rat,
Ist es, den ich bei mir trage
Und vermisse Tag für Tag

Du hast mir viel beigebracht
Und gezeigt, was wichtig ist,
Doch auch wenn du nicht mehr bei mir bist,
Will ich, dass du nie vergisst

Ich denke an dich,
Jeden Tag zu jeder Zeit,
Trag dich tief in meinem Herzen
Bis in alle Ewigkeit ,
Denn ich denke an dich
Schon mit dem ersten Wimpernschlag,
Bist der Antrieb meines Seins und Tuns
Und ich wünsche mir so oft,
Du wärst da...

Und du könntest mich ein letztes Mal
in deine Arme schließen,
Will noch einmal deine Stimme hören
Und mit dir Glück genießen…

Manchmal

Manchmal
Will ich die Zeit auf Anfang drehen,
um mein Glück neu zu suchen
und neue Wege zu gehen
Und manchmal
Will ich in die Zukunft sehen,
um zu wissen, was mich erwartet
und wie die Sterne für mich stehen
Aber manchmal
Träum ich einfach nur von dir

Ich würd gern wissen, wie's dir geht,
wohin deine Reise ging,
als du und verlassen hast
Ich würd gern wissen, wo du lebst
Und ob du glücklich bist,
wo auch immer du jetzt wohnst
Hast du das Glück für dich gefunden?
Wurden deine Wünsche war?
Gingen deine Träume in Erfüllung?
Sag, bist du jetzt stark

Manchmal
Stell ich mir vor, du bist da,
unsre Zeit sei nie verflogen
und unser Glück zum Greifen nah
Und manchmal
Kann ich deine Stimme hören,
seh ich dein Lächeln in den Wolken,
das mich durch die Schatten führt
Aber manchmal
Sehn ich mich einfach nur nach dir

Ich würd gern wissen, wie's dir geht,
wohin deine Reise ging,
als du und verlassen hast
Ich würd gern wissen, wo du lebst
Und ob du glücklich bist,
wo auch immer du jetzt wohnst
Hast du das Glück für dich gefunden?
Wurden deine Wünsche war?
Gingen deine Träume in Erfüllung?
Sag, bist du jetzt stark

Sag mir, kannst du mich sehen?
Wie ich fühle verstehen?
Ich denke manchmal daran...

Wo immer du auch bist

Jeden Morgen wach ich auf,
denke du liegst neben mir,
unsre Zeit sei nie verflogen
und du wärst noch immer hier

Ich schau zum Fenster raus,
sehe, dass die Sonne scheint,
keine Wolke steht am Himmel
und die Vögel kehren heim
Alles scheint so wie immer;
Die Jahre ziehen ins Land,
aber niemand hält mich fest,
greife ich nach deiner Hand

Wo immer du auch bist,
du sollst wissen:
Ich trag dich in meinem Herz
Und jeden Augenblick,
den wir zwei erlebten,
wünsch ich mir zurück
Ich werde meine Wege gehen
Auf der Suche nach dem Glück
Und dich dabei nie vergessen,
wo immer du auch bist

Es traf mich tief im Herzen,
als du von uns gingst,
meine Schritte galten dir,
weil du alles für mich bist
Nun lebst du über den Wolken
Als Stern am Horizont
Und ich fühle ganz genau,
du bist da, wenn ich dich brauch

Wo immer du auch bist,
du sollst wissen:
Ich trag dich in meinem Herz
Und jeden Augenblick,
den wir zwei erlebten,
wünsch ich mir zurück
Ich werde meine Wege gehen
Auf der Suche nach dem Glück
Und dich dabei nie vergessen,
wo immer du auch bist

Ich werde an dich denken,
wenn ich angekommen bin,
werd den Horizont anlächeln,
wenn ich zu den Sternen seh,
und fühl ich mich mal verloren,
weiß ich, du bist da für mich,
wirst jeden Schritt von mir verfolgen,
wo immer du auch bist…

Kalter Wind

Tränen trüben mein Gesicht
Ich denke wieder mal an dich
Ob du mich hörst, ob du mich siehst
Und ob du stolz auf mich bist
Ich hatte noch so viele Fragen
Kam nie dazu, du bist gegangen
An einen weit entfernten Ort
Ein kalter Wind zog dich fort

Und ich frage mich
Geht's dir gut wo du jetzt bist
Und ob du glücklich bist

Du bist für mich ein Wunder der Natur,
immer stark, von Schwäche keine Spur
und war das Leben auch ganz schön oft nicht fair,
hast du dich trotz allem nie beschwert,
denn du warst mein Kompass durch die Zeit:
den Weg durch's Leben hast du mir gezeigt,
hast mir erklärt, was zählt und wichtig ist,
Ich wünsche mir, dass du jetzt glücklich bist

Bilder ziehen an mir vorbei,
Ich denke sofort an uns zwei,
Ich hoffe, du denkst auch an mich
mit einem Lächeln im Gesicht,
Wollt' mit dir noch so viel erleben,
Jetzt gehen wir auf verschiedenen Wegen
zu diesem weit entfernten Ort,
Éin kalter Wind zog dich fort

Und ich frage mich,
ob du angekommen bist
und ob du mich vermisst

Du bist für mich ein Wunder der Natur,
immer stark, von Schwäche keine Spur
und war das Leben auch ganz schön oft nicht fair,
hast du dich trotz allem nie beschwert,
denn du warst mein Kompass durch die Zeit:
den Weg durch's Leben hast du mir gezeigt,
hast mir erklärt, was zählt und wichtig ist,
Ich wünsche mir, dass du jetzt glücklich bist

Und bei jedem kalten Wind
bist du mir sofort wieder nah,
Ich wünsch mir dich so oft zurück,
aber du bist nicht mehr da...

Gefallener Engel

Dein ganzes Leben
Lebtest du allein in Dunkelheit
So wie ein Schatten
Und immer wieder
hast du dich in den Schlaf geweint
Du hast immer treu gedient,
deine Aufgaben erfüllt,
doch dein einziger Wunsch
blieb leider immer ungehört:

Du sehntest dich nach Liebe,
Dankbarkeit und Schutz,
doch deine Flügel sind schon
lange abgenutzt

Gefallener Engel,
du hast lange Zeit gekämpft
und am Ende doch verloren
Gefallener Engel,
hast so oft dein Herz verschenkt,
aber nie zurückbekommen
und deine goldene Krone,
die du je getragen hast,
oh, gefallener Engel,
ist nur noch ein Dornenkranz

So viele Jahre
Wurdest du versteckt in Einsamkeit
Wie eine Geisel:
Hast gewartet auf den Tag,
an dem dich jemand befreit
Auf dich war immer Verlass,
du hast deine Pflicht getan,
doch dein einziger Traum
wurde leider niemals wahr:

Du sehntest dich nach Halt,
Zutraulichkeit, Geborgenheit,
doch deine Wunden sind nie wieder
ganz verheilt

Gefallener Engel,
du hast lange Zeit gekämpft
und am Ende doch verloren
Gefallener Engel,
hast so oft dein Herz verschenkt,
aber nie zurückbekommen
und deine goldene Krone,
die du je getragen hast,
oh, gefallener Engel,
ist nur noch ein Dornenkranz

Du sehntest dich nach Liebe,
flogst mit gebrochenen Flügeln,
Gefallener Engel…

3 Liebe

Wunder

Ich habe dir so viel zu sagen,
Bitte hör mir einfach zu:
Da ist dieser eine Mensch
Und wen ich meine, das bist du

Ich bin so froh, dass wir uns trafen
Und dankbar für jeden Tag,
Denn steh ich an deiner Seite,
Find ich Zuversicht und Halt
Und in der Tiefe deiner Augen,
Da brennt jederzeit ein Licht,
Das mich führt und mich beschützt,
Wie ein Leuchtturm für mich ist

Du bist ein Wunder!
Mit deiner herzensguten Art
Bist du so oft für mich stark
Du bist ein Wunder!
Bitte bleib so wie du bist,
Weil ein Mensch wie du besonders ist
Ich werde dich niemals vergessen,
trag dich für immer nah bei mir,
Du bist ein Wunder
Und für die Liebe, die du gibst, dank ich dir

Jetzt gehn' wir jeden Weg gemeinsam,
Hand in Hand und Schritt für Schritt,
Weinen zusammen bittere Tränen
Und feiern jedes kleine Glück
Scheint die Welt uns auch verloren,
Bauen wir sie wieder auf,
Denn nach jeder dunklen Nacht
Geht die Sonne wieder auf

Du bist ein Wunder!
Mit deiner herzensguten Art
Bist du so oft für mich stark
Du bist ein Wunder!
Bitte bleib so wie du bist,
Weil ein Mensch wie du besonders ist
Ich werde dich niemals vergessen,
trag dich für immer nah bei mir,
Du bist ein Wunder
Und für die Liebe die du gibst dank ich dir

Ganz egal, was auch passiert
Und wie hart die Zeit auch wird,
Du bist die Hoffnung, die mich führt

Ich werde dich niemals vergessen,
trag dich für immer nah bei mir,
Du bist ein Wunder
Und für die Liebe, die du gibst, dank ich dir...

Millionen Sterne

Draußen herrscht Menschenleere,
Es ist mitten in der Nacht,
am Horizont strahlen bunte Lichter,
Ein Farbenmeer in voller Pracht
Und sie erinnern mich an dich,
Schimmern wie ein Diamant,
So unbeschreiblich schön
Und ich Strecke meine Hand
Dem Himmel entgegen,

Greife nach dem Glück,
Das dort verborgen liegt

Von Millionen Sternen am Himmel
Strahlst du am hellsten nachts für mich
Und du berührst mich immer wieder tief im Herz
Mit deinem Funkeln, deinem Licht
Und aus Millionen Sternen am Himmel
Wird jede Nacht ein Mosaik,
In dem ich dein Gesicht so oft erkennen kann,
Wie's von da oben zu mir sieht,
Millionen Sterne nur für mich

Ich schaue in die Ferne,
In die strahlend helle Nacht,
Erkenne Formen in den Sternen,
Ein Lichtermeer in voller Pracht
Und ich denk dabei an dich,
Stell mir vor du bist bei mir,
Wir strecken unsre Flügel aus
Und wir fliegen los von hier
Zum Himmel rauf,

Greifen nach dem Glück,
Das dort verborgen liegt

Von Millionen Sternen am Himmel
Strahlst du am hellsten nachts für mich
Und du berührst mich immer wieder tief im Herz
Mit deinem Funkeln, deinem Licht
Und aus Millionen Sternen am Himmel
Wird jede Nacht ein Mosaik,
In dem ich dein Gesicht so oft erkennen kann,
Wie's von da oben zu mir sieht
Millionen Sterne nur für mich...

Deine Art

Was machst du mit mir?
Hast du eigentlich kapiert:
Mein Herz gehört dir,
Will nicht, dass du's verlierst
Und ich krieg nicht genug
Von dir, hab so lang gesucht
Nach einem Menschen, der ist wie du bist,
Den man nach fünf Minuten vermisst,

Denn in mir war es so lange leer
Und jeder Tag fiel mir aussichtslos schwer,
Aber plötzlich warst du einfach da
Und ich weiß nichtmal woher du kamst

Ich danke dir dafür,
Dass du in mein Leben tratst,
Denn du hast so vieles verändert
Mit deiner wundervollen Art
Dieses Gefühl von Euphorie,
Das durch meine Adern fließt,
Kann ich spüren Tag für Tag
Durch deine wundervolle Art

Womit hab ich verdient,
Dass du mich so sehr liebst?
Es scheint mir fast wie Magie.
Das Gefühl, das du gibst,
Zaubert mir ins Gesicht
Ein Lächeln, das Bände spricht,
Und es lässt mich nie wieder los.
Mit dir schein' ich mir schwerelos

Denn ein Leben lang hab ich geträumt,
Realität total versäumt,
Aber plötzlich warst du einfach da
Und ich weiß nicht mal woher du kamst...

Ich danke dir dafür,
Dass du in mein Leben tratst,
Denn du hast so vieles verändert
Mit deiner wundervollen Art
Dieses Gefühl von Euphorie,
Das durch meine Adern fließt,
Kann ich spüren Tag für Tag
Durch deine wundervolle Art

Fühlt sich Leben an wie schweben,
So wie Sonnenschein im Regen,
Es könnt für mich nichts besseres geben
Als dich...

Stark für dich

Ich wollte doch nur,
Dass du immer glücklich bist
Und dich niemals allein fühlst,
Auch wenn du mich vergessen hast
Und ich wollte doch nur
Deine starke Schulter sein
Und immer für dich da,
Mit dir lachen, mit dir weinen

Unscheinbar, anspruchslos und klein:
Ich bin stets in deiner Nähe,
Du kannst immer auf mich zählen

Ich werd immer in deinem Herzen sein,
Bin für dich stark,
begleite dich an jedem Tag
Und auch wenn wir uns jetzt nicht mehr sehen,
Sprech ich dennoch zu dir,
Wir können auch ohne Worte reden,
Denn wir verstanden uns doch blind,
Vertrauten uns in jedem Schritt,
Ganz egal, was auch passiert,
Ich bin immer stark für dich

Ich wünsch mir so sehr,
Dass du deine Träume lebst
Und auch an dunklen Tagen
Dein helles Leuchten nicht verlierst
Und ich wünsch mir so sehr,
Ganz egal, wo du jetzt bist,
Dass du dich niemals verirrst,
Und dein Weg gerade ist

Unsichtbar, verständnisvoll und still:
Ich stehe immer hinter dir,
Fang dich auf, wenn du fällst

Ich werd immer in deinem Herzen sein,
Bin für dich stark,
begleite dich an jedem Tag
Und auch wenn wir uns jetzt nicht mehr sehen,
Sprech ich dennoch zu dir,
Wir können auch ohne Worte reden,
Denn wir verstanden uns doch blind,
Vertrauten uns in jedem Schritt,
Ganz egal, was auch passiert,
Ich bin immer stark für dich

Bin wie ein Stern -
Immer da und noch so fern -
Auch wenn du mich nicht immer siehst,
Ich bin immer stark für dich...

Aussichtslos

Ich kann nicht beschreiben
wie sehr ich dich liebe,
wie gut es sich anfühlt
auf Wolke sieben zu liegen,
mit dir an meiner Seite
bis ans Ende der Welt,
ganz egal, wohin und
wie weit der Wind uns auch trägt

Ich versuch's dir zu schreiben,
versuch's dir zu zeigen,
doch es geht nicht
Ich kann's nicht begreifen,
mir fehlen die Zeilen,
Warum geht's nicht?

Verdammt, ich liebe dich
Und ich will es dir so gern beweisen,
doch dreh mich ständig nur in Kreisen;
Es ist aussichtslos
Verdammt, ich brauche dich,
Es kann doch eigentlich nicht so schwer sein,
Warum fällt mir nicht mal 'n Reim ein?
Frage mich wieso...
Völlig aussichtslos

Ich kann nicht beschreiben,
Was du mir bedeutest,
Weil jeder einzelne Tag
So viel mehr wert als Gold ist,
Denn lieg ich in deinen Armen,
Seh ich die Zukunft in mir
Und welchen Weg ich auch geh,
Jeder führt nur zu dir

Ich versuch's dir zu sagen,
versuch's nicht zu fragen,
warum geht‘s nicht
Ich kann's nicht verneinen,
doch mir fehlen die Zeilen,
man es geht nicht

Verdammt, ich liebe dich
Und ich will es dir so gern beweisen,
doch dreh mich ständig nur in Kreisen,
Es ist aussichtslos
Verdammt, ich brauche dich,
Es kann doch eigentlich nicht so schwer sein,
Warum fällt mir nicht mal 'n Reim ein,
Frage mich wieso

Ich find doch sonst für jeden Scheiß ne Line
Aber hierfür fällt mir keine ein
Völlig aussichtslos...

Kaltes Wasser

Ich schaue aus dem Fenster,
Es ist schon sehr spät,
Über mir die Sterne
Und unter mir das Meer,
Die Farben sind verblasst,
Schatten tanzen durch die Nacht,
Doch am Strand brennt noch ein Licht
Und ich denk sofort an dich:

Ich seh dich jeden Abend dort am Hafen stehen:
Ein altes Boot ohne Anker
Treibt einsam auf den Wellen

Ich spring ins kalte Wasser
Und tauche bis zum Grund,
Wenn ich dich gefunden habe,
Wird aus dir und mir ein uns
Ich schwimm im kalten Wasser,
Dem unendlich weiten Meer,
denn der Pulsschlag der Gezeiten
Treibt mich raus zu dir

Es fängt an zu regnen,
Tropfen ziern' das Fensterglas,
Du stehst noch immer in der Ferne,
Doch bist mir im Herzen nah,
Alles scheint so grau und leer,
Man sieht keine Menschen mehr,
Nur am Strand brennt noch ein Licht
Und ich denk sofort an dich:

Ich seh dich jeden Abend dort am Ufer stehen:
Ein Leuchtturm ohne Leuchtsignal
Wirft ein' Schatten auf die Wellen

Ich spring ins kalte Wasser
Und tauche bis zum Grund,
Wenn ich dich gefunden habe,
Wird aus du und ich ein uns
Ich schwimm im kalten Wasser,
Dem unendlich weiten Meer,
denn der Pulsschlag der Gezeiten
Treibt mich raus zu dir

Und irgendwo da draußen,
Bin ich sicher, find ich dich,
Denn am Strand brennt Tag für Tag
Dein Licht...

Von Hamburg bis Venedig

Von Anfang an hat sich unser Weg gekreuzt,
Wir haben zusammen vom großen Glück geträumt,
Wir griffen nach den Sternen,
Zündeten Leichtsignale an,
Flogen höher, schneller, weiter
Und kamen niemals wirklich an,

Doch genauso wie es immer war und ist,
Soll es bleiben, damit du mich nie vergisst...

Von Hamburg bis Venedig
Trage ich dich tief in mir,
Kein Weg wär mir für dich zu weit,
Meine Schritte gelten dir,
Denn von Hamburg bis Venedig
Wirst du immer bei mir sein,
Du bist fest in meinem Herzen,
So bin ich niemals allein

Tränen und Lachen haben wir schon geteilt,
Doch dabei keinen Augenblick bereut,
Wir haben tausend Bilder
An den Horizont gemalt
Und auch in schlechten Zeiten
Waren wir füreinander stark

Ja, genauso wie es immer war und ist
Soll es bleiben, damit ich dich nicht vermiss...

Von Hamburg bis Venedig
Trage ich dich tief in mir
Kein Weg wär mir für dich zu weit
Meine Schritte gelten dir
Denn von Hamburg bis Venedig
Wirst du immer bei mir sein
Du bist fest in meinem Herzen
So bin ich niemals allein

Genauso wie es immer war und ist,
Soll es bleiben, weil du alles für mich bist…

„Von Hamburg bis Venedig läutete für mich inhaltlich eine neue Ära ein: Ging es anfangs noch um Glück und Selbstfindung, so kam ein weiteres Element hinzu: die Liebe. Diese ist der zentrale Baustein in diesem Lied, verbunden mit meinen beiden Lieblingsstädten Hamburg und Venedig..."

Mosaik

Jedes Mal, wenn ich dich seh,
blüht mein Herz von neuem auf,
deine Liebe macht mich stark
seit dem allerersten Tag
und nimmst du mich in den Arm,
fühle ich mich wie zuhaus,
ein Gefühl von Heimat
seit dem allerersten Tag

Ich hab so lang danach gesucht,
was mir verborgen war,
der letzte Teil meines Mosaiks,
als ich dich gefunden hab

Und von hunderttausend Steinen
Bist du der, der mich erfüllt,
wie das fehlende Teil eines Puzzles,
wie der letzte Akkord eines Lieds.
Bist mein hellster Stern am Himmel
Und mein Licht in der Dunkelheit,
das letzte Stück meines Mosaiks
und der Antrieb meines Seins.

Das Funkeln deiner Augen
Ist für mich so wie Magie,
sie ziehen mich in deinen Bann,
schon von Anfang an
und dein Lächeln in der Ferne
lässt das Feuer in mir brennen,
ein echter Funkenschlag,
schon von Anfang an

Ich war so lange auf der Suche,
doch nun scheint das Glück mir nah,
mein Mosaik ist komplettiert,
seit ich dich gefunden hab

Und von hunderttausend Steinen
Bist du der, der mich erfüllt,
wie das fehlende Teil eines Puzzles,
wie der letzte Akkord eines Lieds.
Bist mein hellster Stern am Himmel
Und mein Licht in der Dunkelheit,
das letzte Stück meines Mosaiks
und der Antrieb meines Seins

Durch dich spür ich Vollkommenheit,
durch dich fand ich mein Glück
Im Mosaik meines Herzens
Bist du das letzte Stück...

Federleicht

Kraftlos,
um den nächsten zu gehen,
doch schon zu weit gerannt,
um doch noch umzudrehen
Es fängt sich an
Als wäre ich gefangen,
doch dann strahlt da ein Licht,
das die Mauern in mir durchbricht

Ich lag am Boden
Mit gebrochenen Flügeln,
doch durch dich
lernte ich wieder zu fliegen

Federleicht!
Du schaffst, dass der Zweifel in mir weicht,
durch dich bin ich wieder frei
und aus Scherben werden Bilder,
die im Sonnenlicht hell schimmern,
sie verblassen nie,
wir fliegen federleicht im Wind,
weil du mir meine Ängste nimmst

All die Narben verheilen,
nur die Liebe zu dir bleibt,
du warst sanft wie der Wind
und hast mich davon überzeugt,
dass ich meine Grenzen überschreite,
mich von alten Fesseln lös‘,
ich war blass-grau, ohne Farbe,
doch strahle im neuen Licht,
seitdem du da bist

Du verleihtest mir Flügel,
so konnte ich fliegen,
ich hab so oft verloren,
doch mit dir werde ich siegen

Federleicht!
Du schaffst, dass der Zweifel in mir weicht,
durch dich bin ich wieder frei
und aus Scherben werden Bilder,
die im Sonnenlicht hell schimmern,
sie verblassen nie,
wir fliegen federleicht im Wind,
weil du mir meine Ängste nimmst

Du fandest den Schlüssel,
der in meine Seele führt,
heiltest meine Flügel,
flogst mit mir federleicht im Wind…

Liebe

Ich ziehe durch die Straßen
Und sehe dich im Abendlicht
In den Armen eines Anderen,
der dich liebt, so wie ich
Meine Freunde sagen mir,
dass ich dich vergessen soll,
du seist viel glücklicher mit ihm
und ich hätte keine Chance

So oft hab ich versucht
Dir zu sagen, was ich fühl',
doch Liebe kann man nicht beschreiben,
auch wenn ich das so gerne will

Wenn ich in deine Augen seh,
fühl ich mich dem Himmel so nah
Und wenn ich dann zu den Sternen flieg,
spüre ich, dass es dich gibt
Wenn ich in deinen Armen lieg,
fühle ich mich wie im Traum
Und wenn ich dann meine Augen schließ,
spüre ich, dass du mich liebst.

Ich geh‘ allein nach Hause,
auch wenn meine Seele weint,
meine Freunde sagen ‚Kopf hoch‘,
doch ohne dich kann ich nicht sein
Ich sitz allein in meinem Zimmer
Und schau mir deine Fotos an,
Tränen fluten meine Augen,
denn alles holt mich wieder ein

Ich schrieb so viele Zeilen,
doch strich sie immer wieder durch,
denn Liebe kann man nicht beschreiben,
ich hab es schon so oft versucht

Wenn ich in deine Augen seh,
fühl ich mich dem Himmel so nah
Und wenn ich dann zu den Sternen flieg,
spüre ich, dass es dich gibt
Wenn ich in deinen Armen lieg,
fühle ich mich wie im Traum
Und wenn ich dann meine Augen schließ,
spüre ich, dass du mich liebst.

Dieser Brief

Ich sitz‘ allein am Fenster
In diesem alten Haus,
nur die Sterne strahlen am Himmel,
so seh ich hinaus ins Grau,
Nur Papier und Stift am Schreibtisch
Neben der Kerze, die kaum noch brennt,
Ich würd es dir so gerne sagen,
was ich für dich empfind

Und deshalb schreib ich
Einen Brief an dich,
in diesem steht geschrieben:
Ohne dich, bin ich nichts!

Doch dieser Brief
Wird dich nie erreichen,
wenn ich ihn geschrieben habe,
werde ich ihn eh wieder zerreißen
Hab mir schon so oft vorgenommen,
du wirst diesen Brief bekommen,
doch ich schaff es nicht,
dir zu sagen, was du für mich bist,
Ich schreibe diesen Brief,
den du niemals liest

Meine Augen tun schon weh
Vom schwachen Kerzenlicht
Und meine Finger sind ganz wund
Von meinem alten Stift
Im Kopf tausend Fragen,
auf die ich eine Antwort such,
ich würd zu gerne von dir wissen,
ob du mich liebst oder verfluchst

Und deshalb schreib ich
Einen Brief an dich,
in diesem steht geschrieben:
Ich brauche doch nur dich!

Doch dieser Brief
Wird dich nie erreichen,
wenn ich ihn geschrieben habe,
werde ich ihn eh wieder zerreißen
Hab mir schon so oft vorgenommen,
du wirst diesen Brief bekommen,
doch ich schaff es nicht,
dir zu sagen, was du für mich bist,
Ich schreibe diesen Brief,
den du niemals liest

Ja, ich schreibe
Für dich einen Brief,
in dem ich sage, was ich fühle,
aber den du niemals liest...

Wunderschön

Wieder Mal lieg ich wach,
Denke darüber nach,
Was ich falsch gemacht hab,
Dass du mich jetzt bestrafst,
Dieses Schweigen tut weh ,
Auch wenn ich sag "ist okay",
Sag mir, wann das vergeht,
Verdammt, es tut mir doch leid

Ich hätte dir so gern einmal gesagt:

Selbst wenn du weinst,
dann bist du wunderschön,
denn mit deinen Tränen
kannst du Ozeane füllen
Ja, selbst wenn du weinst,
Und deine Welt in Scherben liegt,
Dann hebst du sie alle auf
Und baust dir ein Mosaik,
Denn du bist wunderschön

Und ich bin immer noch wach,
Weil ich mir selber sag,
Ich hab wieder versagt,
Bald schon wird's wieder Tag ,
Doch ich hab nicht gepennt,
Ein Gefühl, das ich kenn,
Weil ich so oft an dich denk
Und ob du mir verzeihst

Ich hätte dir so gern einmal gesagt:

Selbst wenn du weinst,
dann bist du wunderschön,
denn mit deinen Tränen
kannst du Ozeane füllen
Ja, selbst wenn du weinst,
Und deine Welt in Scherben liegt,
Dann hebst du sie alle auf
Und baust dir ein Mosaik,

Denn du bist wunderschön…

Ein allerletztes Mal

Es ist Zeit, du musst gehen,
uns bleibt nur ‚Lebe wohl' zu sagen
Ich seh dich an, du schaust zurück,
es gibt nur uns im Augenblick
und alles leuchtet so hell,
wir leben in unserer kleinen Welt,
dein Lächeln weist mir den Weg,
wenn du bald in die Ferne ziehst

Nur ein allerletztes Mal
Wünsch ich mir, dass du mich hältst
Nur ein allerletztes Mal,
Bevor unser Stern
Für immer vom Himmel fällt
Und du gehst, mich verlässt,
ich dich verlier, du mich vergisst
Ja, nur ein allerletztes Mal
Zähle ich unsre Sekunden
Ein allerletztes Mal
Zerreißt dein Blick
In mir alle Wunden,
bis dass du gehst, ich's nicht versteh
und ich dich nie mehr wiederseh

Ein letzter Blick und es ist Zeit,
nur Erinnerung, die bleibt,
Tränen zieren mein Gesicht,
mein Herz weint sehnsuchtsvoll um dich
und so wie Kerzenlicht im Rauch
geht unser Glück am Himmel auf,
vergiss mich nicht auf deinem Weg,
egal, wohin die Reise geht

Nur ein allerletztes Mal
Wünsch ich mir, dass du mich hältst
Nur ein allerletztes Mal,
Bevor unser Stern
Für immer vom Himmel fällt
Und du gehst, mich verlässt,
ich dich verlier, du mich vergisst
Ja, nur ein allerletztes Mal
Zähle ich unsre Sekunden
Ein allerletztes Mal
Zerreißt dein Blick
In mir alle Wunden,
bis dass du gehst, ich's nicht versteh
und ich dich nie mehr wiederseh

Ein letztes Mal schaust du zurück,
bevor du mich alleine lässt,
ein Lächeln ziert nur dein Gesicht,
ich trag ihn bei mir, deinen Blick...

Dass du bleibst

Ich weiß, du kannst mich oft
nicht ganz so verstehen,
Fang plötzlich an loszuweinen
und kann dich nicht mehr ansehen
Und ich weiß auch,
ich rede viel zu selten mit dir,
Wenn's Probleme gibt,
lös ich sie meistens mit mir,
Selbst wenn du mich dann fragst,
was mich alles bedrückt,
Drehe ich mich dann einfach
erst einmal von dir weg,

Doch das alles nur zu einem Zweck:

Ich will nur, dass du bleibst,
Dass du alles mit mir teilst,
Weil ich dich sogar hören kann,
Auch wenn du grade schweigst,
Will ich, dass du von mir weißt,
Es tut mir ja so leid,
Wenn ich manchmal nicht begreifen kann,
dass du mir alles verzeihst:
Doch ich will nur dass du bleibst

Ich weiß, du kannst mich oft
nicht wiedererkennen,
Wenn wir zwei uns wieder streiten,
Ist es so als würden wir uns nicht kennen
Und ich weiß auch,
ich komme viel zu selten zu dir,
Wenn mir etwas nicht gefällt,
Vergrab ich es lieber in mir
Und Selbst wenn du es längst schon weißt,
was mir nicht passt,
Schau ich dich nicht an, denn ich hab Angst

Und das alles nur aus einem Grund :

Ich will nur, dass du bleibst,
Dass du alles mit mir teilst,
Weil ich dich sogar hören kann,
Auch wenn du grade schweigst,
Will ich, dass du von mir weißt,
Es tut mir ja so leid,
Wenn ich manchmal nicht begreifen kann,
dass du mir alles verzeihst:
Doch ich will nur dass du bleibst…

Wimpernschlag

Ich denke zurück
an all die schönen Momente,
All die Tage und Nächte
als wir zusammen waren
Heb sie auf Stück für Stück,
alte Foto-Segmente,
Halt sie in meinen Händen
Und dann bist du mir nah

Und dann schenk ich mir den Wein ein,
Den wir tranken als noch alles gut schien,
Frage mich, wie kann es eigentlich sein
Und warum bist du nicht geblieben?

War das alles nur ein Wimpernschlag?
Schlug dein Herz nur für die eine Nacht?
Oder war ich zu verkorkst, um zu sehen,
Dass wir uns eigentlich doch gut verstehen
Nur der Gedanke schmerzt auch heut noch so sehr,
Liebe ist halt leider oft nicht fair,
Es tut mir leid, ich weiß ich hab versagt,
Hab dich verloren wie im Wimpernschlag

Kleb sie wieder zusammen,
Die zerrissenen Bilder,
Die mich daran erinnern,
Wie schön die Welt mal war,
Als wir zwei uns noch liebten,
Keine Grenzen mehr kannten,
Trotz aller Ecken und Kanten,
Doch du bist nicht mehr da

Heute trinke ich den Wein allein,
Den wir tranken, als noch alles gut schien
Denke mir, das kann doch alles nicht sein,
Warum bist du nicht bei mir geblieben?

War das alles nur ein Wimpernschlag?
Schlug dein Herz nur für die eine Nacht?
Oder war ich zu verkorkst, um zu sehen,
Dass wir uns eigentlich doch gut verstehen
Nur der Gedanke schmerzt auch heut noch so sehr,
Liebe ist halt leider oft nicht fair,
Es tut mir leid, ich weiß ich hab versagt,
Hab dich verloren wie im Wimpernschlag...

Ich hab dich lieb

Schließ mich fest in deine Arme,
sei ganz einfach da für mich,
musst nichts sagen und nichts tun,
sieh bitte nur nicht weg
Brauch kein Mitleid, keine Fragen,
mir reicht dein offenes Ohr,
denn ich muss mit einem reden,
hör mir bitte einfach zu

Es tut so gut bei dir zu sein,
wenn man nicht alleine weint

Ich hab dich lieb
Und so lange es dich gibt,
bist du ein großer Teil von mir
Ich hab dich lieb
Und ich trage dich im Herzen,
so bin ich immer bei dir
Du bist das Licht, das ewig leuchtet,
und der Stern, der nie vergeht,
und wenn alles auch mal endet,
ein besteht:
Ich hab dich lieb

Drück mich fest an deine Schulter,
halt ganz einfach meine Hand,
musst meine Tränen auch nicht trocknen,
sei nur bitte für mich da
Brauch keine Worte, keine Taten,
mir reicht dein warmes Herz,
denn ich will einfach nur vergessen,
befreie mich von diesem Schmerz

Es tut so gut bei dir zu sein,
wenn man nicht alleine weint

Ich hab dich lieb
Und so lange es dich gibt,
bist du ein großer Teil von mir
Ich hab dich lieb
Und ich trage dich im Herzen,
so bin ich immer bei dir
Du bist das Licht, das ewig leuchtet,
und der Stern, der nie vergeht,
und wenn alles auch mal endet,
ein besteht:
Ich hab dich lieb

Ja, auch wenn alles mal vergeht,
eins besteht:
Ich hab dich lieb…

Bitte bleib

Kann nicht beschreiben, was geschah,
Als du in mein Leben kamst,
Auf einmal warst du da,
Seitdem ist nichts mehr wie's mal war,
Denn du hast mich befreit,
Mir den Weg zum Ziel gezeigt,
Am Anfang war's nicht leicht ,
Doch Liebe wächst und mit der Zeit

Hab ich verstanden, dass du bleibst
Und dein Leben mit mir teilst

Bitte bleib!
Und geh nie wieder von mir weg
Wir gehen weiter diesen Weg Zu zweit
Zusammen in die Ewigkeit
Bitte bleib!
Ich geh nie wieder von dir weg
Auch wenn es hart wird, ich versprech es dir
Du wirst es nicht bereuen mit mir
Bitte bleib!

Heut schreib ich im ganzen Land
"I love you" und deinen Namen
An jede graue Wand
Mit hellen Neonfarben,
Damit ein jeder weiß,
ganz egal, was auch passiert,
ich bin deins und du bist meins,
wir werden uns niemals verlieren,

denn jetzt weiß ich, dass du bleibst,
und dein Leben mit mir teilst

Bitte bleib!
Und geh nie wieder von mir weg
Wir gehen weiter diesen Weg Zu zweit
Zusammen in die Ewigkeit
Bitte bleib!
Ich geh nie wieder von dir weg
Auch wenn es hart wird, ich versprech es dir
Du wirst es nicht bereuen mit mir
Bitte bleib!

„Die größte Angst, wenn man endlich den/die Richtige/n gefunden hat, ist es, diesen Menschen zu verlieren und deshalb wünscht man sich nichts lieber, als dass dieser Mensch bei einem bleibt…“

4 Herzschmerz

Verzweifelt Liebende

Ich erinner mich noch ganz genau,
wie wir zwei dort oben saßen:
Auf den Dächern dieser alten Stadt,
blickten auf das Licht der Straßen...
Und es scheint mir auch nach all den Jahren
noch, als wär's das erste Mal,
Haben das Glück gesucht in der Unendlichkeit,
Dabei waren wir uns doch so nah...

Ich kanns bis heute nicht verstehen:
Warum waren wir nur so dumm?
Warum konnten wir es denn nicht sehen?
Vielleicht waren wir zu jung...

Oh, wir haben uns Vertrauen geliehen,
Doch viel zu lang gewartet,
bis gar die Wahrheit schwieg,
Selbst die Zeit hat uns ins Nichts verkehrt,
Still und heimlich und wir haben nichts gemerkt,
Wir haben gehofft, dass jeder Zweifel weicht
Und jedes Liebeslied des andren Herz erreicht,
Dass wir den Weg durchs Leben gemeinsam gehen,
Du und ich, verzweifelt Liebende

Ich blick noch heute gern zurück auf das,
was nur ein Polaroid jetzt weiß:
Eine Geschichte von zwei Liebenden,
Nur haben sie's sich nie gezeigt...
Und ich weiß genau, sie wollten fliegen,
Bis ans Ende dieser Welt:
Sorgenfrei, doch ahnungslos,
Wie tief man ohne Flügel fällt...

Ich frag mich heute noch wieso:
Waren wir zwei wirklich so blind?
Haben wir beide unser Glück verlogen?
Nur aus Angst vor was wir sind...

Oh, wir haben uns Vertrauen geliehen,
Doch viel zu lang gewartet,
bis gar die Wahrheit schwieg,
Selbst die Zeit hat uns ins Nichts verkehrt,
Still und heimlich und wir haben nichts gemerkt,
Wir haben gehofft, dass jeder Zweifel weicht
Und jedes Liebeslied des andren Herz erreicht,
Dass wir den Weg durchs Leben gemeinsam gehen,
Du und ich, verzweifelt Liebende

Tief in mir

Du bedeutest mir mein Leben,
ich bin für dich einer von vielen,
ich würde dich niemals aufgeben,
doch mich lässt du einfach ziehen
und ich würde Für dich sterben,
auch wenn es dich nicht interessiert,
Ich würde alles für dich geben,
ganz egal, was auch passiert

Vielleicht bin ich nicht perfekt,
aber wer kann das schon sein,
doch meine Liebe ist unendlich
und es wird niemals anders sein

Tief in mir
Glüht ein warmes Herz
Und ganz egal, wie oft es bricht,
Es hält immer nur zu dir,
Denn tief in mir
Brennt ein helles Licht,
Manchmal schwächer durch den Schmerz,
Doch es gilt für immer dir

Für dich reiß ich mir das Herz raus,
Du gehst für mich keinen Schritt,
Ich erfüll dir alle Träume,
Doch du hast nie Zeit für mich
Und ich schenke dir mein Leben,
Auch wenn es nichts wert ist für dich,
Ich würde immer für dich da sein,
Weil du alles für mich bist

Ich bin nicht Fehlerfrei
Und das sehe ich auch ein,
Doch mein Herz schlägt nur für dich,
Es wird niemals anders sein

Tief in mir
Glüht ein warmes Herz
Und ganz egal, wie oft es bricht,
Es hält immer nur zu dir,
Denn tief in mir
Brennt ein helles Licht,
Manchmal schwächer durch den Schmerz,
Doch es gilt für immer dir

Ja, ich lag so oft am Boden,
Bedeckt von Dreck und Staub,
Auch wenn ich alles mal verlier,
Mein Herz hört nie zu schlagen auf…

Schall und Rauch

Ich schaue in den Spiegel
Und erkenne mich nicht mehr,
Denn statt glühend wie das Feuer,
Sind meine Augen kalt und leer
Ich sitz allein in meinem Zimmer,
Geh seit Tagen nicht mehr raus,
Hab keine Tränen mehr zu weinen,
Mein ganzes Leben scheint mir grau

Und das alles ist nur so,
Seit du fortgegangen bist
Kann nicht mehr schlafen, nicht mehr lachen,
Weil ich dich so sehr vermiss

Denn vor gar nicht langer Zeit
Hast du den Schlüssel für mein Herz gefunden,
Du hast mich befreit
Und mir Lebenskraft verliehen,
Doch nach gar nicht langer Zeit
Bist du einfach so davongelaufen,
Du ließt mich allein
Und so wurde aus der Ewigkeit nur
Schall und Rauch

Ich starre meine Wand an,
Früher hing dort Mal ein Bild,
Heute ist da nur ein Abdruck
Und die Aufschrift "komm zurück"
Ich drehe die Musik auf,
Sie ist alles, was mir bleibt,
Höre tausend Liebeslieder,
In denen alles nach dir schreit

Und das alles ist nur so,
weil du fortgegangen bist
Kann nicht mehr hoffen, nur noch träumen,
Dass du mich niemals vergisst

Denn vor gar nicht langer Zeit
Hast du den Schlüssel für mein Herz gefunden,
Du hast mich befreit
Und mir Lebenskraft verliehen,
Doch nach gar nicht langer Zeit
Bist du einfach so davongelaufen,
Du ließt mich allein
Und so wurde aus der Ewigkeit nur
Schall und Rauch

Du hast mich meiner Lebenskraft beraubt
Und so wurde aus der Ewigkeit
Nur Schall und Rauch

Heimweh

Ich stehe einsam in der Wüste,
Hab meinen Kompass verloren,
Weiß nicht wohin ich gehen müsste,
Doch gehe weiter Richtung Norden,
Denn zwischen all den grauen Feldern
Seh' ich plötzlich ein Licht,
Es leuchtet hell so wie ein Stern,
Ich hoff' ich finde dort dich

Denn ich habe Heimweh
Nach dir,
Sag, wann kehrst du endlich
Zurück zu mir,
Ich stürze ohne Fallschirm im freien Fall
Aus allen Wolken, weiß nicht wohin und wie lang
Das alles seit du fortgegangen bist
Und mein Herz dich Tag für Tag vermisst,
Denn ich habe Heimweh,
Heimweh nach dir

Ich schau in grenzenlose Leere,
Um mich herum nur Sand und Staub,
Verspüre endlose Schwere,
Hoffnung ist hier Schall und Rauch,
Doch zwischen all den nackten Dünen
Schimmert plötzlich dieser Glanz,
Ich dreh mich um und lauf gen Süden,
Ich weiß, dass du's nur sein kannst...

Denn ich habe Heimweh
Nach dir,
Sag, wann kehrst du endlich
Zurück zu mir,
Ich stürze ohne Fallschirm im freien Fall
Aus allen Wolken, weiß nicht wohin und wie lang
Das alles seit du fortgegangen bist
Und mein Herz dich Tag für Tag vermisst,
Denn ich habe Heimweh,
Heimweh nach dir,

Nach dir und deiner Liebe,
Nehm' dich so gern in den Arm,
Du führst mich durch die schweren Zeiten,
Deine Nähe hält mich warm…

„Heimweh befasst sich hier mit der Sehnsucht nach der einen Person, in die man die Hoffnung setzt, dass alles besser wird. Der Text ist einer meiner persönlichen Favoriten und dementsprechend wichtig war es mir auch, ihn in das Buch mitaufzunehmen…"

Meine Wunden

Ich weiß genau, wie wir da saßen,
Bei Sonnenuntergang am alten Hafen,
Die Füße in das Wasser eingetaucht
Haben wir verschwiegen bis zum Horizont geschaut,
Wir mussten gar nichts sagen,
Haben uns auch stumm verstanden,
Doch irgendwann bist du dann
plötzlich aufgestanden

Danach war nichts mehr so,
So schön wie's früher war,
Seh dich noch immer hier an diesem Platz,
Doch du bist lang schon nicht mehr da
Und ich frag mich immer wieder...

Wie konnte das bloß passieren?
Wie konnten wir zwei uns verlieren?
Haben uns doch grade erst gefunden,
Wer heilt jetzt meine Wunden?
Weißt du eigentlich wie du mir fehlst
An jedem Tag, weil du mir fehlst,
Zähl ich ständig die Sekunden;
Wer heilt jetzt meine Wunden?

Und jetzt sitz ich hier ganz alleine,
Das Meersalz glitzert auf den nassen Beinen,
Noch mehr als jede Träne im Gesicht,
Denn mit der Zeit vergeht langsam das Sonnenlicht,
Hab noch so viele Fragen,
wollt sie in mir begraben
Doch warum du gegangen bist,
das hab ich nie verstanden

Ich konnt' dich nie vergessen,
Denn dich kann nichts ersetzen,
Ich wünsche mir, wir säßen immer noch
Verschwiegen hier an diesem Ort,
Wie kann man jemand so vermissen?

Wie konnte das bloß passieren?
Wie konnten wir zwei uns verlieren?
Haben uns doch grade erst gefunden,
Wer heilt jetzt meine Wunden?
Weißt du eigentlich wie du mir fehlst
An jedem Tag, weil du mir fehlst,
Zähl ich ständig die Sekunden,

Bis du wieder bei mir bist
Mich anschaust und mich dann küsst
Mit dir war alles so perfekt...

Irgendwie perfekt

Es war ein Tag mit Regen,
die Sonne nicht zugegen,
alles grau und trist,
Hab dich erneut vermisst

Wusst' nicht wohin mit mir,
ich wollte nur zu dir,
zurück in deinen Arm,
er hielt mich so lang warm,
doch es ist vieles anders,
seitdem du mir gesagt hast:
Wir warn‘ ein Polaroid,
du hast es so bereut!

Und erst nach zwei, drei Gläsern Sekt
geht der Schmerz allmählich weg,
verstummt allmählich unser Track,
wieso hast du es nie gecheckt?

Du bist wie eine Narbe,
so wie verblasste Farbe:
eigentlich fast weg,
doch irgendwie perfekt,
denn wenn ich Sehnsucht habe,
bist du mehr als ein Name,
eigentlich schon weg,
doch irgendwie perfekt...

Ja, ich kann nicht mehr schlafen,
denn mich quäln' diese Fragen,
was du grad wohl machst,
ich bin seit Tagen wach...
Und in den leeren Gläsern
spiegeln sich unsre Fehler,
doch unser altes Bild,
das nehm ich immer mit!

Und nach der zweiten Flasche Sekt
kommst du dann zu mir zurück,
hör ich wieder unsren Track,
doch du hast trotzdem nicht gecheckt:

Du bist wie eine Narbe,
so wie verblasste Farbe:
eigentlich fast weg,
doch irgendwie perfekt,
denn wenn ich Sehnsucht habe,
bist du mehr als ein Name,
eigentlich schon weg,
doch irgendwie perfekt...

Ganz egal wie viel ich saufe
oder auch wie viel ich rauche,
du bist trotzdem nie ganz weg,
Denn du bist irgendwie perfekt…

Blind

Tropfen schlagen ans Fensterglas,
sie brechen das Licht wie du mir mein Herz,
Mein ganzes Leben schenkte ich dir,
Doch was ich auch tu, wir kommen uns nicht näher,
Wir drehn‘ uns im Kreis und es geht nicht voran,
Dabei waren wir nie unsren Träumen so nah

Ganz egal, was ich tu, ich lauf gegen ne Wand,
Versuch‘s immer wieder, mit aller Gewalt,
Denn ich will zu dir,
Ich will zu dir

Nur ein allerletzter Schritt
Liegt zwischen unsrem Glück,
Es kann doch nicht so schwierig sein,
Wir laufen ständig aneinander vorbei
Nur ein allerletzter Schritt,
Bis wir angekommen sind,
Sag mir, was steht uns im Weg
Oder sind wir einfach blind

Tausend Fragen toben in mir,
Ich suche vergeblich nach Antwort und dir,
Oh, ich hätte alles für dich getan,
Doch wir kommen ständig an derselben Stelle an,
Wir sind wie gefangen in 'nem Labyrinth,
In dem es für uns keinen Ausweg mehr gibt

Ganz egal, was ich tu, ich dring zu dir nicht durch,
Alles auf neu, ich hab so viel versucht,
Denn ich will zu dir,
Ich will zu dir

Nur ein allerletzter Schritt
Liegt zwischen unsrem Glück,
Es kann doch nicht so schwierig sein,
Wir laufen ständig aneinander vorbei
Nur ein allerletzter Schritt,
Bis wir angekommen sind,
Sag mir, was steht uns im Weg
Oder sind wir einfach blind...

Das war doch für uns nicht so geplant,
Ich versuch's immer wieder,
doch Lauf gegen ne Wand
Wann kommen wir endlich an?

„Manchmal muss man im Leben einfach akzeptieren, dass nicht immer alles so läuft, wie man es sich vorstellt. Besonders in der Liebe ist diese Erkenntnis sehr schmerzhaft. Mit diesen Themen beschäftigt sich dieser Song..."

Polaroid

Weißt du noch,
die Abendstunden am Strand,
wir hielten Hand in Hand
und haben Fotos gemacht
Der letzte Wein war leer
Und dir wurde es kalt,
doch wir waren glücklich wie nie,
denn wir haben Herzen geteilt

Heut hängt an meiner Wand
Kein Bild mehr von uns,
nur ein Abdruck, der bleibt,
ist es wirklich vorbei?

Wir waren ein Polaroid,
einzigartig, wir waren wir,
Polaroid,
geschaffen für den Augenblick
im Jetzt und Hier,
doch irgendwann sind wir einfach zerrissen,
alles, was wir hatten, weggeschmissen,
Ich schau so oft zurück, doch es tut weh,
denn das wird es alles nie wieder geben,
Polaroid,
einzigartig, wir waren wir

Erinnerst du dich,
wie verliebt wir mal waren?
Unzählige Fotos,
von uns zwei, Arm in Arm,
und bei tiefschwarzer Nacht,
nur wir beide am Meer,
nach den Sternen gegriffen,
jeder Moment war es wert

Jetzt hängt da an der Wand
Kein einziges Bild,
nur ein Abdruck, der bleibt,
ich hab es so sehr bereut

Wir waren ein Polaroid,
einzigartig, wir waren wir,
Polaroid,
geschaffen für den Augenblick
im Jetzt und Hier,
doch irgendwann sind wir einfach zerrissen,
alles, was wir hatten, weggeschmissen,
Ich schau so oft zurück, doch es tut weh,
denn das wird es alles nie wieder geben,

Polaroid,
einzigartig, wir waren wir…

Teddybär

Hab die ganze Nacht geweint,
ich fühl mich wieder mal allein,
kann nicht mehr schlafen,
seit du gegangen bist
und ich sitze auf der Couch,
denn im Bett halt ich's nicht aus,
vermisse jede Nacht,
die du neben mir lagst

Wenn ich von meinem Leid erzähl,
ist einer immer für mich da
und nimmt mich in den Arm

Ja, du bist mein bester Freund,
hältst zu mir, egal, was kommt,
mein kleiner Teddybär,
ich danke dir so sehr
und du passt immer auf mich auf,
ich kann dir alles anvertrauen,
mein kleiner Teddybär,
ich liebe dich dafür

Ich lag wieder einmal wach,
hab dabei an dich gedacht,
stell mir vor,
dass du wiederkommst
und ich starre an die Wand,
hab alle Fotos abgehangen,
sehne mich danach,
was wir beide einmal waren

Wenn ich von meinem Leid erzähl,
hört mir einer immer zu
und sagt mir ‚es wird gut‘

Ja, du bist mein bester Freund,
hältst zu mir, egal, was kommt,
mein kleiner Teddybär,
ich danke dir so sehr
und du passt immer auf mich auf,
ich kann dir alles anvertrauen,
mein kleiner Teddybär,
ich liebe dich dafür

Du kannst mich ohne Wort verstehen,
muss dir nur in die Augen sehen
und weißt, wie ich mich fühl

Du trocknest meine Tränen,
Lässt den Schmerz in mir vergehen
Und nimmst mich wie ich bin…

Wo bist du?

Wir zusammen - Leere Straßen -
Auf dem Weg zum alten Hafen,
Können beide längst nicht schlafen,
Sterne spiegeln sich im kalten Meer
Fühlt sich so an als war es gestern,
Dabei ist's ne Ewigkeit schon her,
Dass wir da saßen und vergaßen,
Welche Zweifel uns im Alltag quäln'
Und uns im Morgenrot versprachen,
Dass wir uns wiedersehen,

Doch mit den Sonnenstrahlen
verschwand die Kontur
Und seither such ich dich,
doch von dir fehlt jede Spur:

Wo bist du?
Ich suche so lange schon nach dir,
Sag, wann bist du wieder bei mir?
Ich glaube noch immer an ein wir,
Wo bist du?
Ohne dich krieg ich kein Auge zu,
Ohne dich finde ich keine Ruh',
Ich frag mich immer wieder,
Wo bist du?
Wo bist du...

Und als wir dann da saßen,
malten wir beide unsre Namen
in den Himmel und vergaßen,
dass wir uns eben erst getroffen haben,
uns noch gar nicht richtig kannten,
doch das war uns relativ egal,
denn unsre Herzen schlugen gleich,
zumindest haben wir daran geglaubt,
heute sitz ich hier alleine
und frag mich, war das alles nur ein Traum,

denn wenn die Sonne aufgeht
verschwindest du
und seither such ich dich,
doch von dir fehlt jede Spur

Wo bist du?
Ich suche so lange schon nach dir,
Sag, wann bist du wieder bei mir?
Ich glaube noch immer an ein wir,
Wo bist du?
Ohne dich krieg ich kein Auge zu,
Ohne dich finde ich keine Ruh',
Ich frag mich immer wieder,
Wo bist du?

Wo bist du…?

Gleichgewicht

Ich bin heut morgen wieder mal
in Tränen aufgewacht,
Denn ich hab auf dich gewartet wie jede Nacht
Und ich ließ für dich das Licht an,
Hielt deine Seite für dich frei,
Teilte meinen Abend mit Zweifeln und mit Wein
(Also wieder mal allein)

Ja, ich hab an dich gedacht,
Besessen auf dein Bild gestarrt,
Weil ich dich unsterblich vermiss,
Nein, ich kann dich nicht vergessen,
Niemand wird dich je ersetzen,
Ganz egal, mit wem und wo du bist

Zwei Herzen ohne Gleichgewicht,
Der eine liebt, der andre nicht
Und beide stehen im Regen
Eine Liebe ohne Gleichgewicht,
Was gestern war, zählt heute nicht,
Wohin soll das noch führen?
Du weißt genau, ich seh in dir
Das, was du niemals siehst in mir,
Zwei Herzen ohne Gleichgewicht,
Doch: ich brauche dich

Ich werd heut Abend wieder mal
mit Tränen schlafen gehen,
Denn ich kann gar nicht beschreiben
wie sehr du mir fehlst
Und dann schau ich in die Sterne,
Such im Himmel dein Gesicht,
Das was ich dort finde, erinnert mich an dich
(Doch du bist es nicht)

Ja, ich hab an dich gedacht,
Besessen auf dein Bild gestarrt,
Weil einfach keiner wie du ist,
Nein, ich kann dich nicht vergessen,
Niemand wird dich je ersetzen,
Ganz egal, mit wem und wo du schläfst

Zwei Herzen ohne Gleichgewicht,
Der eine liebt, der andre nicht,
Und beide stehen im Regen
Eine Liebe ohne Gleichgewicht,
Was gestern war, zählt heute nicht,
Wohin soll das noch führen?
Du weißt genau, ich seh in dir
Das, was du niemals siehst in mir,
Zwei Herzen ohne Gleichgewicht,
Doch: ich brauche dich

Warum fühlst du nicht wie ich?
Warum bist du nicht hier?
Uns fehlt das Gleichgewicht...

Keinen Sinn

Meine Welt ist am beben,
irre planlos umher,
Bin zu den Sternen geflogen
und trieb einsam auf dem Meer
Mir fehlt die Luft zum Atmen,
Bin stehend K.O.,
Sag mir, wer ist mein Anker,
Wer lässt mich nicht mehr los

Ich will's nicht mehr tragen,
Dieses schwere Gewicht,
Es nicht mehr ertragen

Es zieht sich so dahin,
Ich weiß nicht mehr, wohin mit mir,
Es macht doch keinen Sinn,
Ich finde einfach nicht zu dir,
Es zieht sich so dahin,
Der Weg zu dir viel fällt viel zu schwer,
Weiß nicht, wohin ich renn,
Es macht doch keinen Sinn

Meine Welt ist am wanken,
Mir fehlt jeglicher Halt,
Verliere all meine Blätter,
Wie ein Baum im Herbstwald,
Mir fehlt der Mut zu hoffen,
Bin haltlos, allein,
Sag mir, wer ist mein Anker,
Wer fängt mich wieder ein

Ich kann's nicht mehr tragen,
Dieses schwere Gewicht,
Es nicht mehr ertragen

Es zieht sich so dahin,
Ich weiß nicht mehr, wohin mit mir,
Es macht doch keinen Sinn,
Ich finde einfach nicht zu dir,
Es zieht sich so dahin,
Der Weg zu dir viel fällt viel zu schwer,
Weiß nicht wohin ich renn,
Es macht doch keinen Sinn,

Keinen Sinn nach dir zu suchen,
Brauch's gar nicht zu versuchen,
Es macht doch keinen Sinn…

Schlafen (bei dir)

Wenn das alles nur ein Traum war,
Warum wirkt es dann so wahr?

Um mich herum ein Feuerwerk,
Das ich schon lang nicht mehr bemerk,
Hab mich in meiner Welt verirrt,
Den Weg zurück find ich nicht mehr:

In Träumen ist es nur Kontur,
Doch im Leben bist es du,
Es reicht dein kleinstes Lächeln nur
Und mir geht es wieder gut

Werd nie im Leben vor dir stehen,
Denn du bist nur des nachts zu sehen,
So wie ein Schatten an der Wand,
Bleibst du farblos, unerkannt

Oh, ich liebe diese Träume,
wenn du ganz nah bei mir bist,
Ich will keinen mehr versäumen,
damit ich dich nicht vermiss...

Ich will bei dir schlafen,
mit dir träumen
Und dann niemals mehr erwachen
Ich will Hand in Hand mit dir
die Welt verlassen
Und keinen Traum jemals verpassen,
Ich will mit dir zum Himmel fliegen,
Die Erdanziehungskraft besiegen,
Ich will schlafen
Nur bei dir

Wir tanzen lauthals durch die Straßen
Dieser schwarz-grau-tristen Welt
Und malen mit hellen Neonfarben
An jede Wand, was uns gefällt:

Bunte Smileys, Muster, Formen
erscheinen wie ein Mosaik,
Wir übertönen alle Sorgen
Mit dem Hashtag „frisch verliebt"

Oh, ich liebe diese Stunden,
In denen wir zusammen sind,
Hab jeden Zweifel überwunden,
Wenn ein neuer Traum beginnt

Ich will bei dir schlafen,
mit dir träumen
Und dann niemals mehr erwachen
Ich will Hand in Hand mit dir
die Welt verlassen
Und keinen Traum jemals verpassen,
Ich will mit dir zum Himmel fliegen,
Die Erdanziehungskraft besiegen,
Ich will schlafen,

Doch wenn ich dann alleine aufwach,
Weil das alles nur ein Traum war,
Wünsch ich mir wieder einzuschlafen
Und nie mehr aufzustehen…

„Das Leben mit seiner großen Liebe genießen, die tollsten Dinge erleben… Was gibt es schöneres?
Doch was, wenn das alles nur ein Traum ist? Oder ist das alles Realität? Schwer zu sagen, wenn man zu besessen von einer einzelnen Person ist, aber genau darum geht es in diesem Text…“

Mit dir

Regen schlägt mir kalt vor mein Gesicht ,
die Wolken sind so schwer, ich seh die Sonne nicht,
Ich blicke in die Ferne,
Such ein bisschen Kraft und Wärme,
Doch finde jeglich Leere, graues Licht
In meiner Brust macht sich jetzt Stille breit,
Früher hat das Leben unser Herz vereint,
Doch mit dem Lauf der Jahre
Haben wir beide uns verraten,
Unsre Liebe ward dem Schicksal zum Geleit

Bei dir war ich zu Hause,
Warst mein Kompass durch die Zeit,
Wir glauben, dass wir uns verloren,
Wissend, dass es nur so scheint

Oh, ich vermisse all die Tage, mit dir
Will ich wieder pure Lebenslust verspüren,
Will ich wieder lachen, Glück erleben,
Hand in Hand auf allen Wegen
Und nachts den Horizont berühren
Oh, mir fehlen all die Tage, bei dir
Konnt ich sein so wie ich wirklich bin, denn hier
Konnt ich mein Herz in deine Hände legen,
Tränen zeigen, mich selbst verstehen
Und nachts mit dir zu den Sternen fliegen

Es verdichtet sich die Dunkelheit um mich,
Ein grauer Schleier raubt der Welt ihr Sonnenlicht,
Ich laufe durch die Straßen,
Hab keine Ahnung, wo ich grad bin.
Ich weiß nur, ich denk dabei an dich
Ein schweres Gewicht lastet auf meinem Herz ,
es drückt auf meine Seele, dieser tiefe Schmerz
raubt mir die Luft zum Atmen,
jedes Mal, wenn ich allein bin,
sag mir, warum mich niemand hört

Bei dir war ich zu Hause,
Warst mein Kompass durch die Zeit,
Wir glauben, dass wir uns verloren.
Wissend, dass es nur so scheint

Oh, ich vermisse all die Tage, mit dir
Will ich wieder pure Lebenslust verspüren,
Will ich wieder lachen, Glück erleben,
Hand in Hand auf allen Wegen
Und nachts den Horizont berühren
Oh, mir fehlen all die Tage, bei dir
Konnt ich sein so wie ich wirklich bin, denn hier
Konnt ich mein Herz in deine Hände legen,
Tränen zeigen, mich selbst verstehen
Und nachts mit dir zu den Sternen fliegen

Ich würd so gern die Zeit besiegen,
In ner Zeitmaschine zu dir fliegen,
Zu dem Tag, an dem wir uns verloren…

Dein Licht

Ich schaue aus dem Fenster
In die sternenklare Nacht,
Meine Augen rot vom Weinen,
Lieg allein im Bett, hellwach
Und ich hoffe die Gebete,
Die ich in den Himmel schick,
Wie eine Flaschenpost ins Meer,
Finden irgendwann mal dich

Hoffentlich geht's dir grad gut,
Wo immer du auch bist,
Und wenn du dich mal einsam fühlst,
Denkst du vielleicht an mich

Das Licht, das um dich strahlt,
Hat mich tief im Herz berührt,
Schon am allerersten Tag,
Jetzt bist du ein Teil von mir,
Auch wenn du's nicht sehen kannst,
Steckt in uns beiden so viel mehr,
Doch du gehst lieber auf Distanz,
Denn die Angst wiegt viel zu schwer

Um dich kurz nur zu vergessen,
Bin ich dem Alkohol verfallen
Und ertränke meine Sorgen
In Wodka 0 und Wein,
Doch ich bin von dir besessen,
Denk an dich die ganze Zeit,
Kann dich einfach nicht verdrängen,
Solang die Bilder in mir bleiben

Ich hoffe du bist glücklich,
Was immer du auch machst,
Fühlst du dich einmal alleine,
Ich wäre immer für dich da

Das Licht das um dich strahlt,
Hat mich tief im Herz berührt,
Schon am allerersten Tag,
Jetzt bist du ein Teil von mir,
Auch wenn du's nicht sehen kannst,
Steckt in uns beiden so viel mehr,
Doch du gehst lieber auf Distanz,
Denn die Angst wiegt viel zu schwer

Sag, wann öffnest du die Augen
Und wirst endlich kapieren,
Wir gehören einfach zusammen,
Du zu mir und ich zu dir…

Lebenswege

Wir haben uns geschworen,
Wir sind füreinander stark,
Haben die Wolken weggeschoben,
Als kein Stern zu sehen war
Und wir hatten immer wieder
Diesen Traum vom großen Glück,
Keine Ziele schienen unnahbar,
Ich denk so gern daran zurück

Wir haben niemals aufgegeben,
Selbst im Schmerz war'n wir uns nah,
Traten Stürme uns entgegen,
Hielt uns unsre Liebe warm,
Doch die Zeit hat uns verschwiegen,
Dass das Schicksal uns verkehrt,
Gingen auf verschiedenen Wegen
Und wir haben nichts gemerkt

Jetzt schauen wir uns aus der Ferne
An, als ob wir Fremde wären

Du warst die Hoffnung,
Die jeden Raum geflutet hat,
So wie das Sonnenlicht,
In dem die Dunkelheit ertrank
Und du warst die Zuflucht,
Hast jeden Zweifel aus mir verbannt,
So wie des Dichters Feder
Und sein Herz so schwer der Klagen,
Aus denen wahre Liebe stammt

Wenn ich heute nach dir suche,
Kann ich dich nicht mehr erkennen,
Denn statt herzenswarmer Liebe,
Find ich einen fremden Mensch
Ja, du balancierst auf Pfaden
Zwischen Leid und deinem Glück,
Völlig Blind und ohne Rückhalt,
Ohne einen Blick zurück

Und du lässt dir nichts mehr sagen,
Hörst auf keinen guten Rat,
Hast du uns etwa vergessen
Und das Versprechen, das du gabst?
Ich kann einfach nicht verstehen,
Wie du dich verändert hast
Mit dem Wandel der Gezeiten,
Blick ich zu dir, hab ich Angst

Jetzt schauen wir uns aus der Ferne
An, als ob wir Fremde wären

Wo ist nur die Hoffnung,
Die jeden Raum geflutet hat,
So wie das Sonnenlicht,
In dem die Dunkelheit ertrank
Und wo ist die Zuflucht,
Die jeden Zweifel aus mir verbannt,
So wie des Dichters Feder
Und sein Herz so schwer der Klagen,
Aus denen wahre Liebe stammt

Oh, ich bereue es so sehr,
Dass unser Weg ein andrer ist
Und mein aller größter Wunsch
Ist, dass du mich niemals vergisst
Sage mir, bereust du nicht,
Dass unser Weg ein andrer ist,
Ja, ich wünsche mir so sehr,
dass du mich einmal vermisst

Die Zeit hat uns verändert,
Unsren Lebensweg geteilt,
Heute sind wir nur zwei Fremde,
Früher schlug dein Herz wie meins
Und ich wünsche mir von Herzen,
Dass du Fuß im Leben fasst
Und die Chancen auf dein Glück
Nicht verpasst...

Was Liebe ist

Ich hab noch immer diese Träume,
in denen ich uns beide seh:
liegen Arm in Arm, verliebt,
unter Mondscheinlicht und Sternen
und ich wache auch noch heute
auf mit Tränen im Gesicht,
einfach nur, weil du nicht da bist,
weil ich dich so sehr vermiss

Unter all den grauen Wolken,
zwischen Stern und Ozean,
hör ich ständig deine Stimme,
schau ich dich am liebsten an

Du zeigst mir was Liebe ist:
Bist die Antwort auf meine Fragen,
raubst mir mit deinem Blick den Atem,
Denn du zeigst mir was lieben heißt:
Zusammen all die Träume leben,
Hand in Hand auf allen Wegen.
Bei dir kann ich Ich sein,
Federleicht und wer ich bin,
Denn du zeigst mir was lieben heißt
Und gibst meinem Leben Sinn

Ich schau mir heut noch so wie damals
täglich Liebesfilme an,
denn ich will doch nur verstehen,
wie ich mein Glück finden kann
und es bricht mir immer wieder
mein Herz, wenn ich daran denk,
dass du nie zu mir gehörst,
für mich unerreichbar bist...

In den millionen Liebesliedern,
Zwischen Licht und Dunkelheit,
Erkenn ich ständig dein Gesicht,
Fühl ich mich niemals allein:

Du zeigst mir was Liebe ist:
Bis die Antwort auf meine Fragen,
raubst mir mit deinem Blick den Atem,
Denn du zeigst mir was lieben heißt:
Zusammen all die Träume leben,
Hand in Hand auf allen Wegen.
Bei dir kann ich Ich sein,
Federleicht und wer ich bin,
Denn du zeigst mir was lieben heißt
Und gibst meinem Leben Sinn...

Emotionen

Am Rand der Großstadtdächer
holt mich das Leben ein,
schau zu den Sternen wie durchs Zeitglas,
denk an die Vergangenheit
Ich kann dich förmlich sehen,
Doch nur ein Abbild unsrer Zeit
Wird geflutet von der Wahrheit,
Alles Lüge, blasser Schein:

Und dann fängt es an zu schneien,
Schweigend friert mein Herz zu Eis,
Ich will weinen, voll der Sehnsucht,
Seit du gingst, bin ich allein
Warum konntest du nicht bleiben?
Ich hab dir ein Schloss gebaut,
Zwar aus Glas und nur auf Treibsand,
Doch ich schenkte dir Vertrauen

Wo sind all die schönen Momente hin?
Ich suche sie, doch kann sie nicht erkennen...

Emotionen!
Wie konnte das um uns nur passieren?
Emotionen!
Wie konnten du und ich uns bloß verlieren?
Auf meinem Herzen lastet Schwermut
Die mir so unerträglich weh tut
Und mir meine Lebenskraft entzieht
Emotionen -
Ich fühle mich verloren

Und ich lauf nachts durch die Straßen,
seh mein Schatten auf Asphalt,
Doch er spiegelt nur Fassade,
keine Gefühle, es ist kalt,
denn aus dem Schnee wird dunkler Regen ,
farblos grau, so wie auch ich,
jeder Atemzug gefriert,
Doch ich denke nur an dich,

Denn als wir noch liebe teilten,
hielt mich deine Nähe warm,
Heute bleiben nur unsre Bilder
Und Erinnerung an das, was war,
Warum konntest du nicht bleiben?
Ich hab dir ein Schloss gebaut,
Zwar aus Glas und nur auf Treibsand,
Doch ich schenkte dir Vertrauen

Wo sind all die schönen Momente hin?
Ich suche sie, doch ich bin viel zu blind...

Emotionen!
Wie konnte das um uns nur passieren?
Emotionen!
Wie konnten du und ich uns bloß verlieren?
Auf meinem Herzen lastet Schwermut
Die mir so unerträglich weh tut
Und mir meine Lebenskraft entzieht
Emotionen -
Ich fühle mich verloren,

Verloren in der Leere,
In der unser Schloss versank,
Doch jedes unsrer Polaroids
Liegt in ner Kiste in meinem Schrank

Ich stehe vor den Scherben,
Emotionen holen mich ein,
Aus meinen Augen fallen Tränen,
Es fängt wieder an zu schneien,
Ich hab dich nie vergessen,
Auch wenn du mich nicht mehr kennst,
Denn jeder Augenblick mit dir
Hat mir Flügel geschenkt...

WhatsApp-Status

Du hast gemeint, Schatz, es tut dir leid,
Du hast nen Neuen und es ist vorbei,
Vorbei mit uns, aus der ganze Traum,
Den wir zwei träumten, und bist abgehauen
Und ich schrie komm bloß nicht zurück
Verschenk' dein Herz ruhig und dein ganzes Glück
Ich schaff das schon, alles schon okay,
Es wird auch ohne dich noch weiter gehen

Und ich trinke zwei Flaschen Wein
In der Hoffnung, dass der Schmerz nicht bleibt,
Red' mir immer wieder ein:
Ich kann auch ohne dich glücklich sein:

Doch schau mal auf mein WhatsApp Status:
Da steht dein Name und ein Datum,
Dazu ein Bild von dir in meinem Arm,
Erinner' dich, wir waren uns so nah;
Ich lösche nie mein WhatsApp Status,
Denn ich hoffe, dass du dann zurückkommst
Und endlich wieder meine Bilder likest,
Vielleicht sogar "ich liebe dich noch" schreibst:
Hey, schau Mal auf mein WhatsApp Status

Dann war ich frei, doch fühlte mich allein,
Wusste nicht ob lachen oder weinen,
Schmerz vergeht, jede Wunde heilt,
Doch das hier bleibt bis in die Ewigkeit
Und ich schrie, bitte komm zurück,
Schenk mir dein Herz, teil' mit mir all dein Glück
Ich schaff das nicht, nichts ist mehr okay
Wie soll es ohne dich bloß weitergehen?

Und ich trinke zwei Flaschen Wein
In der Hoffnung, dass der Schmerz nicht bleibt,
Gesteh' mir immer wieder ein:
Ich kann ohne dich nicht glücklich sein:

Doch schau mal auf mein WhatsApp Status:
Da steht dein Name und ein Datum,
Dazu ein Bild von dir in meinem Arm,
Erinner' dich, wir waren uns so nah;
Ich lösche nie mein WhatsApp Status,
Denn ich hoffe, dass du dann zurückkommst
Und endlich wieder meine Bilder likest,
Vielleicht sogar "ich liebe dich noch" schreibst:
Hey, schau Mal auf mein WhatsApp Status…

Wirst du mich befreien?

Ich habe keine Kraft mehr,
nicht einmal, um aufzugeben,
habe lange Zeit gekämpft,
auch noch abseits meiner Wege
und selbst meine goldnen Flügel,
die mir so viel Glück versprachen,
können mich heute nicht mehr tragen,
weil sie auf meinem Flug zerbrachen

Jetzt bleiben mir nur noch die Scherben
und die Hoffnungen auf dich,
denn auf meinem Weg nach Hause
legten sich Schatten auf mein Licht
und was früher einmal strahlte,
wird getaucht in Dunkelheit,
bis keine Farben mehr zu sehen sind;
alles blass, grau und schwarzweiß,

doch jeder braucht eine Hand,
die ihn hält, wenn er fällt
und jeder braucht einen Freund,
der ihm zeigt, du bist nicht allein

Und wenn ich jetzt verletzt am Boden liege,
ohne Kraft zu atmen,
wirst du dich dann einfach zu mir legen
und den Himmel von hier betrachten?
Oder jeder Traum im Meer versinkt,
weil er schwerer fällt als Blei,
wirst du für mich ins kalte Wasser springen
und deinen Atem mit mir teilen,
Wirst du mich befreien?

Ich lauf ständig in Kreisen,
Fühl mich wie im Labyrinth:
Keine Chance um auszubrechen,
Weil nur du mein Ausweg bist,
Kann mich nicht dagegen wehren,
Nichts ist stärker als die Zeit;
Es fühlt sich an als würd ich sterben,
Weil in mir nichts als Leere bleibt

Und ich schick all meine Wünsche,
wie eine Flaschenpost ins Meer,
durch die Wolken zu den Sternen,
hoff, dass mich irgendjemand hört,
denn aus Stunden wurden Tage
und aus Wochen ein dunkles Herz,
das in sich nichts weiter wahrt
als die Sehnsucht und tiefen Schmerz

Jeder braucht einen Kompass,
Der den Weg nach Hause weist,
und jeder braucht einen Freund,
der ihm sagt, ich werd bei dir sein

Und wenn ich jetzt verletzt am Boden liege,
ohne Kraft zu atmen,
wirst du dich dann einfach zu mir legen
und den Himmel von hier betrachten?
Oder jeder Traum im Meer versinkt,
weil er schwerer fällt als Blei,
wirst du für mich ins kalte Wasser springen
und deinen Atem mit mir teilen?
Wirst du mich befreien?

Wirst du dein Herz an meines legen?
Meine Zuflucht sein bei Sturm und Regen?
Wenn hier nichts mehr funktioniert,
stehst du trotzdem noch zu mir…?

„Eine häufig gestellte Frage ist immer, wie weit ein Mensch für einen gehen würde. An der Antwort erkennt man dann, wie wichtig man einem dann wirklich ist. Auch das lyrische Ich stellt in diesem Text solche Fragen. Vielleicht rhetorischer Natur…?

Achterbahn

Hab dich zufällig getroffen
Und mich dann zufällig verliebt,
Hätte niemals dran geglaubt,
Dass es so etwas gibt:
Dass mein Herz so hart wie Stein,
Einmal gebrochen wird und weich,
Du dich in mein Leben schleichst
Und ein Teil von mir bleibst
Ganz egal, wohin ich renn,
egal, mit wem und wo ich penn,
Kann dich einfach nicht vergessen,
Bin total von dir besessen

Du hast doch gewusst,
dass mein Herz nicht zu erkaufen ist
Hast es trotzdem ausgeliehen
und dann gemerkt, dass es zerriss

Warum hast du mir das angetan?
In meinem Kopf fährt eine Achterbahn,
Die dich einfach nicht vergessen kann
Warum musstest du mir nur begegnen?
Wollt die Sonne spüren in meinem Leben,
Doch jetzt fängt es wieder an zu regnen
Hab geglaubt, ich komm jetzt klar allein,
Fühlte mich entfesselt, schien so frei,
Doch die Achterbahn in meinem Kopf
Lässt dich nicht los

Du hast mir all das gesagt,
Was ich immer hören wollte,
Doch in Wahrheit nur gefühlt,
Was ich nie erfahren sollte:

War für dich nur ein Experiment,
Nur ein Spiel, mit dem du Zeit vertriebst,
ich hab dir mein Vertrauen geschenkt,
Weil ich glaubte, dass du mich auch liebst,
Hast das Eis um mich gebrochen,
Dass du immer bei mir bleibst, versprochen,
Doch dich dann aus dem Staub gemacht,
Heimlich und leise, im Schatten der Nacht

Ich hab schon geahnt
Dass, wie's ist, es niemals bleiben sollte,
Hab mich trotzdem eingelassen,
obwohl ich es gar nicht wollte

Warum hast du mir das angetan?
In meinem Kopf fährt eine Achterbahn,
Die dich einfach nicht vergessen kann
Warum musstest du mir nur begegnen?
Wollt die Sonne sehen in meinem Leben,
Doch jetzt fängt es wieder an zu regnen
Hab geglaubt ich komm jetzt klar allein,
Fühlte mich entfesselt, schien so frei,
Doch die Achterbahn in meinem Kopf

Lässt dich nicht los...

Dich zu lieben

Nimm mich noch einmal in den Arm,
Bevor wir nach Hause gehen,
Denn immer wenn ich dich nicht seh,
Merk ich wie sehr du mir doch fehlst
Komm halt noch einmal meine Hand
Und geh mit mir ein kleines Stück,
Denn wenn ich gleich alleine bin,
Spür ich wie wichtig du mir bist

Dich zu lieben tut so weh,
Weil ich viel mehr in dir seh:
Für dich bin ich einer von vielen,
Du bist mir mehr wert als mein Leben
Dich zu lieben macht mich kaputt,
Bist Tag und Nacht in meinem Kopf,
Ich hoffe, du denkst Mal an mich,
Wenn du dich alleine fühlst

Schau mir noch einmal ins Gesicht,
wenn du deine Haustür schließt,
Will noch einmal dein Lächeln sehn,
Bevor ich dann nach Hause geh
Ich trag es tief in meinem Herz,
Zwischen all dem Leid und Schmerz,
Und hol es immer wieder raus,
Wenn ich dich hier bei mir brauch

Dich zu lieben tut so weh,
Weil ich viel mehr in dir seh:
Für dich bin ich einer von vielen,
Du bist mir mehr wert als mein Leben
Dich zu lieben macht mich kaputt,
Bist Tag und Nacht in meinem Kopf,
Ich hoffe, du denkst Mal an mich,
Wenn du dich alleine fühlst

Und sitz ich auf meinem Bett,
Nur dein Bild, der Wein und ich,
Wünsch ich so sehr du wärst bei mir
Und bliebst für immer hier…

„Eine nicht erwiderte Liebe ist ganz schön schmerzhaft. Das muss auch das lyrische Ich in dieser Geschichte feststellen. Man selber würde alles für den geliebten Menschen tun, um in irgendwie zu beeindrucken, doch kriegt dafür nichts zurück…“

Mein Herz

Ich sitz allein in meinem Zimmer
Und starre an die Wand,
Ich weiß, er ist grad bei dir,
Hält vielleicht auch deine Hand
Dieser Gedanke lässt mich leiden,
Zerreißt mir fast das Herz,
Ich versuch ihn zu vertreiben,
Doch zu tief sitzt der Schmerz

Warum kannst du nicht bei mir sein,
Mit mir Herz und Lippen teilen?
Warum er...?

Ist er dein Prinz auf weißen Pferden?
Baut er dir ein Schloss aus Glas?
Oder trägt er dich auf Händen?
Doch ich schenke dir mein Herz!
Fliegt er mit dir zu den Sternen?
Ist er dein Sonnenschein im Herbst?
Oder versetzt er für dich Berge?
Doch, verdammt, ich mein es ernst:
Ich schenke dir mein Herz

Ich stehe auf, geh Richtung Fenster,
Wo das Bild von uns zwei steht,
Schon beim Anblick merk ich wieder,
Wie glücklich wir doch sind,
Doch da ist jetzt dieser andre,
Durch den du mich ersetzt,
Ich versuch nicht dran zu denken,
Weil es mich zu sehr verletzt

Warum lässt du mich allein,
Wollten wir nicht ewig sein?
Warum er...?

Ist er dein Prinz auf weißen Pferden?
Baut er dir ein Schloss aus Glas?
Oder trägt er dich auf Händen?
Doch ich schenke dir mein Herz!
Fliegt er mit dir zu den Sternen?
Ist er dein Sonnenschein im Herbst?
Oder versetzt er für dich Berge?
Doch, verdammt, ich mein es ernst:
Ich schenke dir mein Herz...

Träume

In meinem Zimmer tanzt der Staub,
Hüllt alle Farben blass ins grau,
Schieb meine Pflichten einfach auf,
Ich geh seit Tagen nicht mehr raus

Mein Bett liegt voll mit Zeug von dir,
Auch unsre Fotos hängen noch hier,
Die Flasche Vodka längst schon leer,
In Träumen lebst du noch bei mir

Nur du machst, dass mein Herz weiter schlagen kann,
Durch dich fangen meine Augen erst zu leuchten an

Ich hab so lang nach dir gesucht,
jetzt bist du endlich bei mir,
Bitte lass mich nicht mehr los
Und bleib für immer hier

All meine Träume werden wahr,
In denen wir zwei alles teilen,
Doch nur wenn ich die Augen schließe,
Können wir zusammen sein

All meine Lichter bleiben aus,
Ein Schatten liegt im ganzen Haus,
Warum? Das weißt du ganz genau,
Du bist doch einfach abgehauen!

Mein letzter Halt ist die Musik,
Wenn ich verletzt am Boden lieg,
Tausendmal dasselbe Lied,
Weil es scheinbar von uns singt

Und du machst, dass ich weiter richtig atmen kann,
Durch dich fangen all die Wunden erst zu heilen an

Ich hab so lang nach dir gesucht,
jetzt bist du endlich bei mir,
Bitte lass mich nicht mehr los,
Und bleib für immer hier

All meine Träume werden wahr,
In denen wir zwei alles teilen,
Doch nur wenn ich die Augen schließe,
Können wir zusammen sein

Und in jeder dunklen Nacht
Lieg ich nur mit den Sternen wach,
Ich wünsch mir so sehr, du bist hier,
Doch nur in meinen Träumen
lebst du noch bei mir...

Unendlich

Erinnerst du dich
An unsre Zeit dort am Strand?
Wir waren einsam, verlassen,
haben uns nicht gekannt

Doch der Wind nahm uns auf,
hat uns Flügel verliehen,
so wurde aus diesen Steinen ein Mosaik
Ich vermiss all die Tage,
wo wir noch zusammen waren,
jetzt hast du mich vergessen,
was mal eins war, zerbrach

Und ich frage mich wie lang
Mein armes Herz das noch
Ertragen kann

Diese Liebe ist unendlich,
kannst du das nicht verstehen?
Wie oft du mir auch noch mein Herz brichst,
das Gefühl wird nie vergehen
Ja, diese Liebe ist unendlich,
sag, warum verstehst du's nicht?
Auch wenn ich für dich schon gestorben bin,
du mich weder hören noch sehen willst,
und aus deinem Kopf verbannst,
diese Liebe ist unendlich
weil ich ohne dich nicht leben kann

Unsre Sterne erloschen,
wir sahen kein Funkeln mehr,
wie ein Baum, der im Herbst
die letzten Blätter verliert
Ich wünsch mir so sehr,
dass der Wind uns vereint
und uns trägt so wie damals
zu der Zeit dort am Strand

Und ich frage mich wie lang
Mein armes Herz das noch
Ertragen kann

Diese Liebe ist unendlich,
kannst du das nicht verstehen?
Wie oft du mir auch noch mein Herz brichst,
das Gefühl wird nie vergehen
Ja, diese Liebe ist unendlich,
sag, warum verstehst du's nicht?
Auch wenn ich für dich schon gestorben bin,
du mich weder hören noch sehen willst,
und aus deinem Kopf verbannst,
diese Liebe ist unendlich
weil ich ohne dich nicht leben kann

Scherbenlabyrinth

Ich hab so oft nach dir gesucht,
lang gekämpft, alles versucht,
doch es war einfach nie genug,
es scheint mir fast schon wie ein Fluch,
die Zeit schlägt mir die Türen zu
und dahinter wartest du

Was würdest du dir wünschen,
wenn du weißt,
dein Wunsch geht in Erfüllung
mit Sicherheit?

Oh, wir beide fühlen uns so allein,
haben alles versucht es nicht zu sein,
doch am Ende ist da nichts, was bleibt,
Und jede Nacht fühlen wir uns so allein,
haben nicht einmal die Kraft zu weinen,
weil am Ende nur noch Scherben bleiben
Ich frag mich, wer sie für uns aufhebt,
sind auf der Suche nach dem Ausweg
hinaus aus diesem Labyrinth,
in dem wir zwei gefangen sind

Ganz egal, was da auch ist,
ob du mich liebst oder vergisst,
vielleicht sogar ein Stück vermisst,
Ich komme niemals an bei dir,
steh hinter verschlossener Tür,
auf der geschrieben steht ein 'wir'

Was würdest du mich fragen,
wenn du weißt,
die Antwort lautet ‚ja'
mit Sicherheit

Oh, wir beide fühlen uns so allein,
haben alles versucht es nicht zu sein,
doch am Ende ist da nichts, was bleibt,
Und jede Nacht fühlen wir uns so allein,
haben nicht einmal die Kraft zu weinen,
weil am Ende nur noch Scherben bleiben
Ich frag mich, wer sie für uns aufhebt,
sind auf der Suche nach dem Ausweg
hinaus aus diesem Labyrinth,
in dem wir zwei gefangen sind

Soweit okay

Ich kann zwar immer noch kaum schlafen,
hab unsre Fotos abgehangen,
alles, was mich an dich erinnert,
liegt versteckt in meinem Schrank,
doch ich komm schon gut klar allein
und denk fast gar nicht mehr an dich,
hab nur gestern von dir geträumt,
ich glaub es geht bergauf für mich

Mach dir keine Sorgen,
mir geht's gut so wie es ist,
mein Herz ist nur zerbrochen,
weil es dich so sehr vermisst
Du musst auch gar nichts sagen,
es ist alles soweit okay.
Ich muss nur dann noch weinen,
wenn ich dich mit ihm seh,
denn das tut weh

Ich irr zwar ständig durch die Gegend,
hoffe, ich steh gleich vor dir,
du schaust mir tief in meine Augen
und merkst, du gehörst zu mir,
doch das alles hat nichts zu sagen,
ist kein Problem allein zu sein,
gestern hatt ich nur nen Rückfall,
bald schon bin ich wieder frei

Mach dir keine Sorgen,
mir geht's gut so wie es ist,
mein Herz ist nur zerbrochen,
weil es dich so sehr vermisst
Du musst auch gar nichts sagen,
es ist alles soweit okay.
Ich muss nur dann noch weinen,
wenn ich dich mit ihm seh,
denn das tut weh

Ich red mir immer wieder ein,
dass ich dich nicht mehr lieb,
und, dass es mir so schlecht geht,
gar nicht an dir liegt,
doch ich kann dich nicht vergessen,
weil du alles für mich bist,
auch wenn ich so oft erzähle,
dass alles soweit okay ist…

„Dieser Text ist so ziemlich der ironischste, den ich jemals geschrieben habe. Das lyrische Ich spricht dabei seine verlorene Geliebte direkt an und nennt ihr verschiedene Gründe, warum es ihm wieder gut geht, dabei weiß es genau, dass gar nichts soweit okay ist…"

Nur zu dir

Ich hätt niemals gedacht,
dass uns sowas passiert,
Dass zwei Menschen wie wir
sich für immer verlieren,
Doch jetzt sitze ich hier,
hab's noch nicht richtig kapiert,
Du kommst nie mehr zurück
Und ich werd langsam verrückt

Und ich weiß nicht mehr,
wohin mit mir,
Ich will nur zu dir

Und unser Bild steht immer noch
auf meinem Schreibtisch,
Ich warte darauf von früh bis spät,
Aber du schreibst nicht
Sag, bin ich denn gar nichts mehr für dich?
Sag, denkst du nicht manchmal auch an mich?
Es kann doch nicht sein, dass ich für dich
nicht mehr existier,
Ich will nur zu dir

Es schien doch so klar,
Wir beide vor dem Altar,
Du warst mir einst so nah,
Doch jetzt bist du nicht mehr da

Liege nächtelang wach
Und denke darüber nach,
Was ich falsch gemacht hab,
Hab ich denn wirklich versagt?

Und ich weiß nicht, was
du machst mit mir,
Ich will nur zu dir

Und unser Bild steht immer noch
auf meinem Schreibtisch,
Ich warte darauf von früh bis spät,
Aber du schreibst nicht
Sag, bin ich denn gar nichts mehr für dich?
Sag, denkst du nicht manchmal auch an mich?
Es kann doch nicht sein, dass ich für dich
nicht mehr existier,

Ich will nur zu dir...

Riesenrad

Du weißt grad mal wie ich heiße,
Doch denkst du kennst meine Welt,
Und wenn ich dich drum bitte,
Kannst du nicht sagen, was mir gefällt,
Du stellst hunderttausend Fragen,
Was ich mag oder was nicht,
Selbst wenn ich es dir sage,
Verstehst du es doch nicht

Ich glaub, wir drehen uns im Kreis,
Und vielleicht
Kannst du verstehen, wenn ich mein,
Gib mir Zeit

Jeder Tag ist wie ne Fahrt
im Riesenrad,
manchmal geht's bergauf,
doch dann geht's wieder bergab
und immer wenn ich denk, wir haben's
endlich geschafft,
fängt das Auf und Ab wieder an
in unserem Riesenrad
Wann hört das endlich mal auf?
Wann kommen wir endlich an?
Ich will endlich hier raus
Aus diesem Leben
Wie im Riesenrad

Du weißt nicht mal, wo ich wohne,
doch sagst, du bist bei mir zuhaus,
und wenn ich dich dann frage,
sagst du, du kannst heut' nicht raus,
Du nennst hunderttausend Gründe,
warum wir uns nicht sehen,
und egal, was ich auch sage,
du wirst mich nie verstehen

Ich glaub, wir drehen uns im Kreis,
Und vielleicht
Kannst du verstehen, wenn ich mein,
Tut mir leid

Jeder Tag ist wie ne Fahrt
im Riesenrad,
manchmal geht's bergauf,
doch dann geht's wieder bergab
und immer wenn ich denk, wir haben's
endlich geschafft,
fängt das Auf und Ab wieder an
in unserem Riesenrad
Wann hört das endlich mal auf?
Wann kommen wir endlich an?
Ich will endlich hier raus
Aus diesem Leben

Wie im Riesenrad...

Blind vertraut

Erinnerst du dich an unsren ersten Kuss
In der Fußgängerpassage?
Wir waren beide so verliebt,
Seit wir uns gefunden haben

Und ich weiß genau, alles lief so perfekt,
wir hielten unser Glück in Händen
Und ich frag mich immer wieder,
Warum musste all das enden,

Oh, ich hab daran geglaubt,
Es sei mir schon längst egal,
Hab meinem Herzen blind vertraut,
Doch es enttäuscht mich wieder mal

Denn nach allem was war,
Jedem einzelnen Tag,
Bist du immernoch da,
Weil irgendwas in mir sagt,
Du bist auch grade wach
Und denkst darüber nach,
Was ich jetzt wohl so mach,
Doch in Wahrheit liegst du dar
Und hast vergessen was war

Heute steh ich hier an unsrem Platz
und sehe nichts als unsre Schatten,
Die mich an das zurückerinnern,
was wir beide einmal hatten

Denn wir beide haben Herzen getauscht
Und alles andre war egal;
Dieses Band, das uns verbindet,
war viel härter noch als Stahl

Oh, ich hab daran geglaubt,
Es sei mir schon längst egal,
Hab meinem Herzen blind vertraut,
Doch es enttäuscht mich wieder mal

Denn nach allem was war,
Jedem einzelnen Tag,
Bist du immer noch da,
Weil irgendwas in mir sagt,
Du bist auch grade wach
Und denkst darüber nach,
Was ich jetzt wohl so mach,
Doch in Wahrheit liegst du dar
Und hast vergessen was war…

Kontrollverlust

Ich starre zehn Minuten auf die Wand,
keine Farben keine Bilder,
nur ein grau verschmierter Rand
Meine Augen tun zu weh, um hinzusehen,
Vom Weinen schon so schwer,
Schwer wie Blei, nur ungefähr

Fühlt es sich an wie tot zu sein,
Schon so lang allein zu sein

Und ich kann es nicht ertragen,
Schmerzen tief bis in den Magen,
Kann es einfach nicht ertragen

Ich war doch immer schon ein Krieger,
der sein Schwert zum Himmel hob,
Doch heute wäre mir nichts lieber,
wären die Gefühle endlich tot,
Denn ich leide wie ein Sklave,
Werde schwach bei deinem Blick
Und was gäbe ich dafür, hätt ich
Die Kontrolle wieder zurück

Ich laufe wie benebelt durch mein Haus
Und alles, was ich sehe,
Sieht noch so wie früher aus,
Als wir beide hier zusammen lebten
Und alles noch so leicht war,
Doch seit dieser einen Nacht,

Fühle ich mich so allein,
Nicht mal mehr die Kraft zu weinen,

Und ich halt sie nicht mehr aus,
Diese Stille im ganzen Haus,
Halt sie einfach nicht mehr aus

Ich war doch immer schon ein Krieger,
der sein Schwert zum Himmel hob,
Doch heute wäre mir nichts lieber,
wären die Gefühle endlich tot,
Denn ich leide wie ein Sklave,
Werde schwach bei deinem Blick
Und was gäbe ich dafür, hätt ich

Nach allem, was passiert ist,
Und nach jedem Augenblick
Die Kontrolle wieder zurück...

Herz in der Hand

Samstag Nacht,
ich hänge in der Kneipe
mit meinen Jungs, wie jedes Mal
Jede Woche
Immer nur das gleiche,
Ich denk besessen drüber nach,
Wie es so war,
Als du noch hier warst,
Deine Hand in meiner Hand

Ja, vielleicht
werd ich es einfach nie verstehen
Und ja, vielleicht
will ich dich einfach wiedersehen,

Denn du hast mein Herz in der Hand,
Rebellierst gegen meinen Verstand
Und du hältst es fest so lang' du kannst,
Früher sind wir zwei durch die Straßen getanzt,
Selbst im stärksten Regen, ganz egal,
Dacht' ich hätte Nerven, hart wie Stahl,
Doch du hast mein Herz in der Hand
Und das merk' ich jedes Mal

Samstag Nacht,
bin auf dem Weg nach Hause,
ganz allein, wie jedes Mal,
Brauch von dem Ganzen
endlich mal ne Pause,
denn das hier ist für mich die reinste Qual,
es wär so leicht,
wenn du noch hier wärst,
deine Haut an meiner Haut

Ja, vielleicht
wird es Zeit dich zu vergessen
und ja, vielleicht
bin ich total von dir besessen,

Denn du hast mein Herz in der Hand,
Rebellierst gegen meinen Verstand
Und du hältst es fest so lang' du kannst,
Früher sind wir zwei durch die Straßen getanzt,
Selbst im stärksten Regen, ganz egal,
Dacht' ich hätte Nerven, hart wie Stahl,
Doch du hast mein Herz in der Hand
Und das merk' ich jedes Mal...

5 Schlussworte

Jetzt, wo das Ende des Buches erreicht ist, bleibt mir eigentlich nur noch Danke zu sagen, an alle die das Buch gelesen haben und sich sowohl die Zeit genommen als auch die Mühe gemacht haben.

Ich hoffe, ich konnte mit dem ein oder anderen Text zum Nachdenken anregen oder vielleicht sogar berühren, denn die Emotion ist, wie eingangs bereits erwähnt, das wichtigste für mich in den verschiedenen Geschichten.
Die meisten konnten sich hoffentlich zumindest in einem der ganzen Werke wiederfinden.

Schließlich möchte ich mich bei allen bedanken, die es überhaupt möglich gemacht und mich dabei unterstützt haben, dieses Buch zu schreiben.
Das wären besonders mein bester Freund Michael, der mich von Anfang an dazu ermutigt hat, dieses Buch zu schreiben und mir mit Rat und Tat zur Seite stand.
Außerdem meine Eltern, die mir immer den Rücken freigehalten haben.
Und schließlich meine Freundin Lisa, die sich so einige Texte geduldig angehört und mir stets ihre ehrliche Meinung mitgeteilt hat...

Euch allen ein großes Dankeschön!